念頭決定你的結果
心想事成的最佳指南書

粉紅桶思考法

Tony Burgess 東尼・伯格斯 & Julie French 茱莉・法蘭屈——著　陳錦慧——譯

不受情緒影響，擁抱當下的人生

我們的腦子裡充滿著各種不同的聲音，就像電影《腦筋急轉彎》所簡化的那樣，有憂憂、樂樂、怒怒、怕怕等角色，在爭奪我們思維與情緒的控制權。本書作者運用不同顏色的桶子，幫助我們意識到現在是「誰」在掌控我們的心智；是藍色的憂憂、綠色的怕怕、紅色的怒怒——他們都屬於綠色桶子，還是粉紅色的大象小彬彬（Bing Bong）黃色的樂樂——他們屬於粉紅色桶子。當我們開始覺察，活得越來越有自覺，我們就越不會受到情緒角色的影響，並且擁抱當下的人生。

金鐘司儀　歐馬克

你曾經想過……

你的期待、你的價值觀、你的自我感覺、
你的情感、你的抱負、你的習慣嗎？

繪圖：LuckyLuLu

如果從「0」到「10」
給自己打分數，你會打幾分？
SCORE
10
9
8
7
6
5
4
3
2
1
0

自己是全世界獨一無二的嗎？

具體化正面思考

其實「負面想法」如影隨形，因為人生不如意十之八九。然而決定事情的結果往往不在於「看起來有多不好」，而是怎麼「看待該如何更好」。《粉紅桶思考法》就是運用粉紅色水桶來具體化正面思考的一本好書，讓我們不只是生命的「乘客」，更是掌控方向的「駕駛」！

DISC識人溝通學專家　蔡緯昱

我不夠好、
那件事太困難、我能力
不足，萬一我失敗了呢？
別人會笑我、我沒信心，
我不知道該怎麼做？

為什麼我總是這樣想？

我是不是該利用這個機會問問我自己？

到底哪些念頭與想法對我是有用的？

混亂模糊變清楚了

成長有賴於自我覺察，但這說來簡單卻不易做。人總是有許多各式各樣的想法，常會一團亂。這本書以簡單又具體方法，來幫助人了解自己的思維。透過想像兩個不同顏色的水桶來分類內心想法，很快地讓混亂模糊變得清楚明白了。

台灣應用心理學會理事長
哇賽！心理學創辦人兼總編輯　蔡宇哲

沒有信心……
我該怎麼
在這個領域
發揮信心？

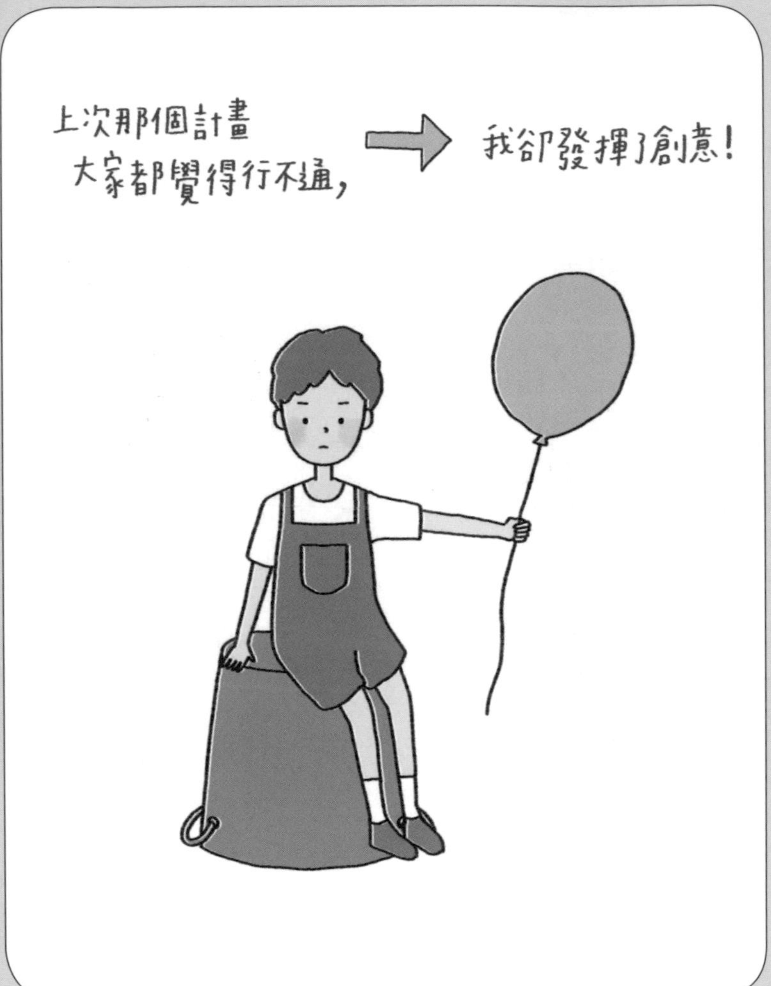
上次那個計畫
大家都覺得行不通，
我卻發揮了創意！

一步一步改用
粉紅桶視角來看自己，

享受這個過程。

2+3的運用

很多人佩服河泉老師能連續五年不間斷，每天早上六點固定PO一篇正向的短文，但是我更佩服作者，只用了（2+3）就做到了。2種不同顏色的桶子（粉紅桶和綠桶）幫助大家思考變正向，再運用3步驟「認可特質」「強化概念」「轉變行為」，迅速達到效果。花五十分鐘看書就擁有看五年PO文的功力，大家千萬不要錯過。

秒殺級領導課講師
世新大學傳播學院副教授
超級領導力・主題講師班創辦人　李河泉老師

你如何看待「過去」的自己?
那件事沒做好
我是個
魯蛇……
希望時光
可以倒流……
我天生
沒辦法
跟人相處
……

很多念頭只是浪費、
能量消耗，
這些能量原本可以
用來享受、體驗當下。

幫助你朝你的目標
和你想要的結果邁進。

要把你的過去當成夢想起飛的平台，
和你的過去建立友善的關係，
才能覺得能量飽滿隨時迎向未來。

讀者，謝謝你！

我們知道，真正在生命中活用粉紅桶思維的力量的，就是此時此刻正在閱讀的你。至於你怎麼活用它，我們可能永遠沒有機會見證。我們希望這份力量能夠散播出去，而不是只有我們平時透過訓練、輔導、教學與療程直接協助的對象受益。只有透過你們，我們才能在更廣大的世界創造積極正向的改變。

謝謝你選擇這本書！

請大方和他人分享這本書提供的訊息和機會，好讓更多人體驗到用粉紅眼光看待生活的好處。

感謝你！

目錄 CONTENTS

引言／一試就上手的簡單概念！

你覺不覺得心裡的念頭老是莫名其妙冒出來，不但主導你的生活體驗，甚至擾亂你的人生？

答案是肯定的嗎？那麼你並不孤單！

有太多人覺得，人生旅途中自己只是巴士上的乘客，而不是駕駛。在你的生命中，偶爾是不是也有這種感覺？也許你過去某些時期就是這樣？或者你認識的人現在就過著這樣的生活？

藉由過去十多年來的輔導或訓練課程，我們讓許多學員領悟到，他們可以坐上駕駛座，掌控自己的人生。我們用各種方法向他們解說，也利用故事和比喻讓他們記住：人可以選擇自己的念頭和內在反應，不需要被動承受它們的傷害。我們發現，故事和比喻很容易打動人，同時也注意到，其中有個比喻出乎意料地在英國和世界各地風行起來。這個比喻實在太受歡迎，我們訓練出來的指導員和教練於是開始拿來應用在自己的學員身上。我們甚至聽說，有不少教練與指導員也採用這個比喻，這些人沒有直接上過我們的課，只是見過我們的學員實際應用。這個點子流傳得這麼快，改變這麼多人的生命，我們實在非常開心。

這個點子之所以威力強大，正是因為它超級簡單。它就是「粉紅桶思考法」！

從二〇〇五年起，茱莉習慣帶兩個桶子到我們的研討會，其中一個代表無益的念頭和內在反應，另一個代表有益的念頭和內在反應。她經常輪流站在兩個桶子裡，邀請在場學員一起腦力激盪，說出可能阻礙或助長個人向前邁進的「心理素質」，比如思緒、假設、信念、自我對話、心態、情緒反應等。我猜可能是因為那個畫面太有視覺效果，也滿搞笑的，大家都記住了。

最早我們開始使用這個比喻時，桶子的顏色是隨機挑選。通常是離開辦公室前隨手抓兩個帶到演講會場，拿到什麼顏色就用什麼顏色，只是顏色必須不一樣，方便區別。後來有一段時間我們碰巧連續幾次選用粉紅色桶子呈現有益的心理素質，令我們驚奇的是，學員開始用粉紅色代表正向思考。

- 「所以重點是要記得粉紅思考。」
- 「啊，我懂了。我只是需要更常運用粉紅桶思考法。」

- 「我們買了幾個粉紅色桶子放在辦公室，隨時隨地提醒我們選擇有益的念頭。」
- 「我們能不能站在粉紅桶裡拍照？」

諸如此類！

於是我們靈機一動，開始固定帶一個粉紅桶來代表有益的心理素質，好讓粉紅桶思維這個概念持續在學員的心裡扎根，作為個人自我茁壯的參考點。到目前為止，我們用來呈現無益心理素質的桶子仍然沒有固定顏色。當然，桶子的顏色其實一點都不重要。粉紅桶概念會流行起來，只是個愉快的巧合。如果你不管什麼原因碰巧不喜歡粉紅色，那就選擇任何你喜歡的顏色來代表有益的心理素質。

到了二〇〇六年，粉紅桶思考法的概念逐漸成形，我們在大部分的發表會、指導和訓練課程使用它。二〇一〇年我們建立基本網頁www.pinkbucketthinking.com，張貼我們的學員站在粉紅桶裡的照片，也有不少人透過電子郵件把照片寄給我們。大家真的都非常喜歡這個記憶輔具。我們也開始推出一些小商品和贈品作為額外的記憶輔具，提醒學員隨時留在粉紅桶裡。

二〇一二年底，我們覺得寫這本書的時機到了。簡單有效的點子就該全面推廣，讓更多人能實際運用，從中受益。粉紅桶思考法就是這種簡單又有效的點子。

我們邀請你一起加入推廣行列，愈多像你這樣的人來幫助其他人了解自己可以選擇心理素質，我們就更有機會改變這個世界。我們希望你親自體驗，每天練習覺察「我現在在哪個桶子裡？」好讓你在塑造內心世界時，做出愈來愈正面的選擇。

我們祝福你使用這本書提供的方法時得心應手，如果粉紅桶思考法帶給你豐碩成果，也歡迎你與我們分享。

意外創辦粉紅桶思考法的東尼・伯格斯與茱莉・法蘭屈

chapter 1

為什麼要檢視你的內心世界？

你的頭腦理解周遭世界的方式，會決定你的所有經歷，更會影響你的人生。

你的心理濾鏡會決定你要處理哪些資訊、用什麼方式處理，又怎麼回應。

你的感官每一時每一刻接收到的資訊，都會一滴不漏地流過你當下的心理素質。

注意你接收的每一個資訊

它必須經過以下的濾鏡：

- 你的想法
- 你的觀點
- 你的態度
- 你的規則

- 你的信念
- 你的自我對話
- 你的期待
- 你對事物的觀感
- 你的自我感覺
- 你當下的情緒狀態
- 你的價值觀
- 你專注的方向
- 你對過去經驗的描述（也就是記憶）
- 你的政治觀
- 你的人生觀

- 你人生的意義
- 你的動機
- 你的恐懼與不安
- 你的情感
- 你的意向
- 你的抱負
- 你的宗教信仰
- 你對新觀點的接受度
- 你被什麼啟發，欣賞什麼
- 你的偏好

- 你的習慣
以及更多。

轉換一個獨一無二的你

你的感官每一分每一秒都在接收大量資訊，這些資訊都沒有經過處理。上面提到的層層過濾，可以幫助你的頭腦處理那些資訊，將它們轉換成心理和情感訊息。這些處理過的訊息就是你認定的「事實」，只不過是個嚴重失真的版本。當然，在你看來這一切都太真實，一點都不像經過過濾。你會覺得你感受到的是唯一的、真正的事實。然而，日常生活中我們不論思考或體驗，都沒辦法直接掌握第一手的真實。我們的內心時時刻刻都在執行這種過濾，在向自己呈現所謂的「真實」。我們每個人都以自己獨有的「真實」活在人間，也都根據我們自己那個所謂「真實」或「現實」的特有版本在體驗、回應或待人接物。比方說，某個政治人物在新聞節目上發表的觀點，可能被解讀為可靠或可憎、無私或自私、可笑或睿智……就看聽的人是誰，又是如何過濾那個觀點。

因為你太相信自己內心那個經過層層過濾的「現實」，所以它能夠影響後續發展。最重要的是，它可以——也會——影響你這個獨一無二的人特有的內在智能。很明顯，你能不能善用你的智能，會影響你所做的事，也影響你做事的方法。換句話說，如果你覺得自己庸庸碌碌，就比較難找到有效的解決方法，可能也不敢大膽採取有利的行動。反之，如果你覺得自己精明能幹，就能活得更充實，更勇敢面對人生，也更容易得到機會、心想事成。

心裡素質影響結果

請想像一下，你強大的智能周圍有很多閘門，這些閘門可以是敞開的，也可以半開或緊閉。你心理素質的狀態，會決定你的智能閘門是敞開、半開或緊閉。有益的心理素質能夠打開你的智能閘門，無益的心理素質則會將它們關閉。如果你的內在智能門戶大開，你的聰明才智就能充分自由地流動。如果你的智能閘門緊緊關閉，你的聰明才智就無法流向你的行為、體驗和回應。當然，偶爾你的心理素質會讓你的智能閘門半開半閉。也就是說，你的聰明才智只有一部分能自由流動。

這一切都太重要了！會影響結果！

如果你的聰明才智受到壓抑，你想要的結果恐怕沒那麼容易達成或實現。如果你的聰明才智能夠充分自由地流動，你就有更多機會心想事成。心理過濾隨時都在進行，從這一刻到下一刻，每一天、每一星期、每個月、每一年，乃至你一生所有的時間。那麼你應該想得到，你的心理素質對你人生經歷的好壞，以及你生命每個時期的成就高低，有非常深遠的影響。

只要能覺察到內心世界的一切（也就是經常「向內探索」），你就能評估你的內心對你、對你的人生有多少幫助。

你的心理素質助長或阻礙你的進步？它幫你排除困難或扯你後腿？

一旦你開始留意你心理素質的作用，就能做出更好的選擇。在心理和情感上，我們有數不清的方式來描述我們的回憶、現況和預期。如果你當下的描述對你沒有幫助，那就動動腦想一想，什麼樣的心理素質對你比較好。就這樣，你慢慢從自己生命的乘客座挪向駕駛座。你從此握住方向盤，堅定地朝你想要的體驗和結果邁進。在最極端的情況下，你可能會從生命的受害者翻身，成為勝利者。

從另一個角度來說，它也可以是一個微調心理素質的機會，進一步提升你原本就很不錯的體驗和結果。

粉紅桶成為心裡素質的助力

我用一個簡單的例子來說明。如果你有個心理素質認為「這個我不可能辦得到」，那麼你的智能閘門可能會半開半閉或完全關閉。這時只有少量智能灌注到你的行為和體驗，不足以產生你想要的結果。這會妨礙你達成你想要的目標。換個角度，如果你的心理素質有這個堅定信念：「我只要全心全意投入，就能達成目標。」那麼你的智能閘門可能會完全敞開，你的聰明才智可以更有效地注入你的行為和體驗。這時你達成目標的機率就會對你更有利。還記得那句據說出自亨利・福特（Henry Ford）的名言嗎？「如果你覺得你能，或覺得你不能，那麼你多半不會錯。」你的心理素質要麼幫助你，要麼阻礙你。粉紅桶思考法這個比喻雖然簡單，效果卻非常強大，它能提醒你隨時隨地都要讓心理素質成為助力。

現在你應該想像得到，慎選你的心理素質，對你人生的許多面向都能產生強大、正向又有利的影響。你可以增進和心愛的人之間的關係，工作可以更順利，和同事之間的互動也更融洽。你可以強化你個人或團隊的表現，距離個人目標也會愈來愈近。最重要的是，你不再覺得自己在生命中只能隨波逐流，反而能主動創造你的人生和你的世界。

從「零」到「十」給自己打分數

說到這裡，如果你能停下來想一想，對你有益無害。從「零」到「十」給自己一個主觀評價，日常生活中你的聰明才智有多少能灌注到你的行為、體驗和回應裡。「十」代表你的聰明才智每天都順暢流動，你的智能閘門總是敞開無阻，你時時刻刻都穩穩站在粉紅桶裡。「零」代表相反的狀況。

動手吧，給自己打個分數。等你的內在開始發生重大改變，這個分數會是有效的參考點，讓你知道自己進步多少。

你閱讀接下來的章節的時候，不妨保持好奇心，看看你能夠怎樣改變自己的心理素質，而這種改變又會帶來什麼好處。好了，現在該好好想一想，哪些粉紅桶思維才能帶領你的人生往好的方向發展。

chapter 2

你有多少粉紅念頭？

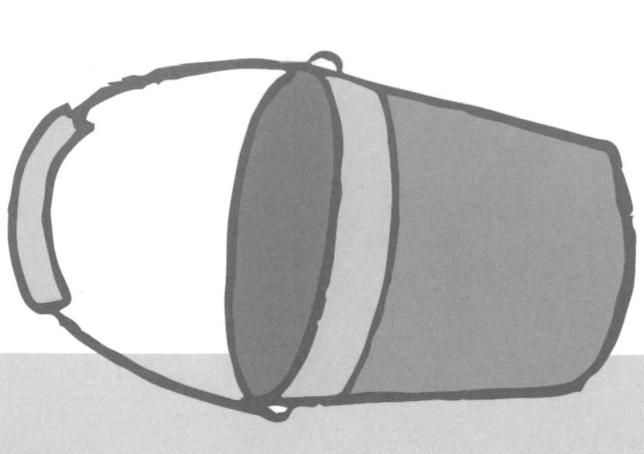

先找出無益的想法

從現在起，你只要學會觀察評估你的心理素質是不是有益，就能創造你未來的「真實」！

前一章提到過，你的內在思維可能會阻撓你想要的結果和體驗，也可能幫助你獲得那些結果和體驗。

那些對你有幫助的念頭和心理素質，我們稱之為粉紅桶思維。為了方便起見，我們就稱那些無益的念頭和心理素質為綠桶思維。

在我們的指導課程、發表會和訓練活動中，我們的教具通常是兩個桶子。我或茱莉會站進綠色桶子裡，問某個學員或全體學員，活在無益的內心世界會是什麼感覺。我們請他們提出一些阻礙他們發展、讓他們無法心想事成的無益念頭和心理素質。

以下是常見的答案：

- 「我不夠好。」
- 「那件事太困難。」
- 「以前有人試過，行不通，現在當然也行不通。」
- 「我沒辦法。」
- 「我不可能辦得到。」
- 「我不夠……！」（比如聰明、機靈）
- 「我太……！」（比如老、年輕）
- 「這太嚇人！」
- 「我能力不足。」
- 「萬一我……別人會怎麼想？」

- 「這種事在這裡不可能成。」
- 「他們比我有能力。」
- 「我不夠格。」
- 「萬一我失敗了呢？」
- 「萬一出了嚴重差錯呢？」
- 「我可能一敗塗地。」
- 「我可能會變成大傻瓜。」
- 「我從來就不擅長……」
- 「風險太高。」
- 「別人會笑我。」
- 「目前的經濟環境對我們不利。」

- 「我憑什麼認為我辦得到。」
- 「這不可能。」
- 「我沒信心。」
- 「我只懂這些……沒辦法改變了。」
- 「我爸媽經常要我『安分守己！』」
- 「以前沒人這麼做過。」
- 「我不知道怎麼做。」
- 「我能力有限，辦不到。」
- 「我才不費那個功夫。」
- 「這事太麻煩。」
- 「我們沒時間。」

其中有些念頭和心理素質牽涉到自己，例如「我不夠好」；其他則是對所求結果的看法，比如「那件事不可能」；有些關係到想像中可能的後果，比如「風險太高」；也有些涉及其他人，例如「別人會笑我」；有些是關於歷史或過去的經驗，例如「以前有人試過，行不通，現在當然也行不通」；有些則關係到外在世界的情況，例如「經濟環境對我們不利」。

其中可能有一些（或全部）是妨礙你的人生向前邁進的心理素質。也許你甚至能想到其他上面沒提及的例子！現在花點時間思考一下，當你希望在生命中達到某個特定目標，曾經有哪些綠桶思維阻礙你的進步？把它們寫下來，這能幫助你覺察。

哪些想法對你有用？

你會受到哪些無益的心理素質影響，取決於當下的情境、你生命處於哪個時期，當然還有其他因素。在某個情境或某個時期顯得無益的綠桶思維，換到另一個情境或時期卻可能變得有益。比方說，如果你正在積極尋找人生的更大挑戰，那麼諸如「那太困難」這樣的念頭可能還不錯，甚至是正面的。然而，如果你正好兵疲馬困心力交瘁，同一個念頭就可能沒有幫助。

對你來說，上面某些例子也許根本不是無益思維。沒關係，那些只是常見的例子。如果你覺得其中有哪個是有益的，那也很好。它們出現在很多人的綠色桶子裡，不代表就會出現在你的綠色桶子裡。

什麼樣的念頭可以是綠桶裡的無益思維，這沒有一定的答案。比方說，在很多人心目中，「我朋友不認為我做得到」這樣的念頭可能沒有一點幫助，又叫人洩氣，其他人卻可能覺得這是有益的激勵（「我要讓他們知道我可以！」）

同樣地，綠色桶子裡那些念頭也跟人們的其他念頭一樣真實。心理素質究竟是不是真相或事實，我們其實不是很在乎，因為站在你的角度，你的心理素質的所有東西幾乎都顯得真實不虛！

這裡我們不想爭辯某個東西是真是假、是對是錯或正確不正確，因為人們總有辦法證實自己的想法是真的。相反地，我們鼓勵你退一步想想，雖然你的心理素質顯得那麼真實，它畢竟只是嚴重失真、經過層層過濾的真相與現實。明白了這點，我們不妨單純地把焦點鎖定以下這個務實的問題：某些特定的心理素質對你是不是有用？在你追求人生目標和體驗的過程中，它究竟是助力或阻力？

這是檢視你的念頭的全新方法，它帶給你自由，因為沒有任何立場需要維護。關注你的心理素質只有一個實質目的，那就是看清楚它究竟增進或阻礙你的進步，就這麼簡單。如果你發現某些念頭對你有用，你就可以選擇多往那個方向靠攏，只因為它有用。一旦你發現某些念頭對你沒用，正好利用這個機會問問自己，什麼樣的念頭對我比較有用？

試試以下這些念頭

當我們踏進粉紅桶，邀請學員分享提升他們的聰明才智、幫助他們進步的念頭，以下是最常見的答案：

- 「這太可行了。」
- 「這應該不難。」
- 「我能通過這個挑戰。」
- 「如果別人辦得到，我也辦得到。」
- 「我冰雪聰明。」
- 「我可以學。」
- 「現在我不需要什麼都懂，我可以在做的過程中發現我的不足。」
- 「不管結果如何，我都不會有事。」
- 「過去我辦到了，現在我可以做得更多。」
- 「有人可以幫我。」
- 「只要我用心去做，什麼都有可能。」

• 「我比夠好更好。」

• 「別人的看法不重要，他們愛怎麼想隨他們。」

• 「我值得擁有生命中的美好事物。」

• 「我不比任何人差。」

• 「很多事都對我們有利。」

• 「我曾經靠信心成功過，再來一次沒問題。」

• 「這完全符合我的價值觀。」

• 「我已經準備好了。」

• 「現在就是最好的時機。」

• 「我們可以隨機應變，邊學邊調整。」

• 「說不定結果會比我們想像中好得多。」

- 「如果有必要，我絕對有能力東山再起。」
- 「我跟任何人一樣有權利去爭取。」
- 「我朋友以前常告訴我，『一旦真的下定決心去做，誰也阻擋不了你。』」
- 「生命站在我這邊。」
- 「我受到祝福。」
- 「我決定享受這場冒險，包括未知的一切。」

有用的改變來自敏銳觀察

你當然會有自己的例句。上面列出的某些句子對你可能比對別人有用，有些在你看來甚至可能不太有用。沒關係，它們不需要出現在你的粉紅桶裡！

現在花點時間好好想一想，哪些念頭或心理素質對你真的有用，哪些念頭真正能幫助你得到你想要的結果和生命體驗。把它們記下來，因為既然它們對你有效，你會希望經常想到它們！

現在你已經把你的想法和心理素質簡單區分為兩大類：綠桶思維（無益）和粉紅桶思維（有益）。這下子你時時刻刻都有現成的參考點：我現在的念頭落在哪個桶子裡？綠色或粉紅色？它對我有益，能幫助我？或對我無益，阻礙我的發展？

萬一你暫時掉進綠色桶子裡，這個簡單的覺察能夠把選擇和希望送到你面前。既然還有另一個選擇（粉紅桶），代表等你準備好，就可以開始評估你的選項。你也許會告訴自己：「既然現實可以有很多版本，而目前我頭腦裡這個版本對我沒幫助（雖然它顯得那麼真實），那麼我要開始更有效地選擇我的心理素質。」接著你可以問自己以下這個帶給你力量的問題：「現在有哪些念頭和觀點對我比較有用？」

這個問題真的非常管用。

你愈能覺察到現實可以有各種不同版本——綠桶或粉紅桶思維，你的力量就愈大。它提供你選擇機會。你愈能意識到對你和他人有用的粉紅桶思維，就覺得愈自由。你有許多選項可供選擇，你會愈來愈相信你可以選擇你的念頭。讓愈來愈多有用的念頭流動，可以幫助你更有效地發揮你的聰明才智。這麼一來，你在人生中就愈有機會美夢成真。

有用的改變全都來自愈來愈敏銳的覺察。明白了這點，本書接下來的大部分篇幅會探討念頭的某些關鍵領域，再區分哪些念頭容易出現在綠桶（也就是造成阻礙），哪些又容易出現在粉紅桶（也就是帶來助益）。這代表你可以開始選擇粉紅桶思維，讓它們更有效又持續地幫助你達成渴望的目標和結果。

一點小提醒：不管你覺察力多靈敏，不管你是不是已經突飛猛進，你畢竟還是凡人，偶爾還是會不小心踩進綠桶裡，沒關係的！

只要不過度詮釋，就算你還沒選擇踏進粉紅桶，還沒獲取助長你力量的體驗，你也已經擺脫它的干擾。就當是你的內在偏見在作怪，而你只是一時不察或基於習慣踩進綠桶。等你做好準備，就可以再踏出來！你的智能閘門也許暫時關閉了。不過，即使閘門暫時關閉，或關閉了很久，一旦覺察到你擁有選擇，就可以再次打開。

就好比飛行員暫時偏離航道，一旦發現了，隨時可以調整操控桿，把飛機帶回航線。

好了，上緊發條，你即將展開運用粉紅桶思維的旅程！

chapter 3

留在駕駛座上！

踩煞車，停止抱怨

只要願意為自己的生命和體驗負起全責，粉紅桶思考法很快就能幫助你把握當下！

諸事不順的時候，人很容易怨天怨地。怪別人，怪大環境，怪地理位置、天氣、政治局勢、你的成長背景、你的財力、你的病痛、你的神（以上只是隨便列舉），或者怪你自己。

怨天怨地的問題在於，它沒有一點建設性。一般來說，埋怨本質上就是綠桶思維，具有破壞性。它指控、不滿、把矛頭指向別人、製造惡意。它讓人心情不美麗，消耗情緒能量，也容易分心，面對問題時想不出解決方案，更沒辦法放眼未來。一味怪罪會讓人淪為生命的受害者，而非勝利者。它讓人經常處於「無能為力」的心理狀態，而不是「我可以」。

沒錯，有太多因素會干擾你的人生，影響你如何體驗生命，比如別人、政治人物、你的健康狀態、你的成長背景、經濟情勢、你受的教育和你的文化。當然，這些因素對人的生命有重大影響，也會左右人們心理與情感的運作。這些影響可能有益，也可能無益，通常是二者兼具。

所以，這些因素的影響力無可否認。只是，把時間花在怪罪這些因素（不管屬於過去或現在），就會錯失積極改變生命的契機。與其抱怨，你不妨動動腦，看看能做點什麼來直接或間接影響你的生命體驗和結果。

回頭看看你在生命中遇上的那些虐心的結果和體驗（不管事件大小），如果你發現自己在怨天怨地，怪罪人與事或你自己，那就踩個煞車，問自己一個重要的粉紅桶問題：「現在我可以發揮哪些直接或間接的影響力？」如果一開始好像改變不了什麼，就繼續保持創造力，問自己另一個不錯的粉紅桶問題：「也許有些我一時想不到的小地方可以做點改變，那會是什麼？」

活在粉紅桶思考中，生命會改觀

仔細考慮過之後，就算真的好像有某些過去或現在的外在因素，造成重大又無法避免的衝擊，你可以再問另一個粉紅桶問題：「那麼我的念頭和感受可以做出哪些比較正面的回應？」或者你可以問：「即使有那些不可控制的因素，我怎樣才能繼續進步？」這些問題幫助你盡可能把能量集中在有益的方向。

我舉個實例詳細說明。

我們的好朋友黎恩原本是我們的學員，她是個多重硬化症者。二〇〇〇年我第一次見到她，當時她因為多重硬化症的關係，完全是疾病的受害者（其實她等於活在綠桶裡）。除了多重硬化症之外，黎恩的人生也遭遇很多不愉快的創傷，她很容易落入怨天怨地的惡性循環，擺脫不了絕望與無助。但她沒有，她決定接受我提供給她的機會，開始考慮她能發揮哪些直接影響。其中一個特別值得考慮的領域就是她的心理素質：她的念頭、她的態度，以及她的內心如何回應生命。透過選擇關注的焦點，她慢慢從受害者變成勝利者。她開始選擇她賦予事物的意義，選擇給自己的規則，選擇對事物的看法。她用全新角度理解她的過去，問自己有益的問題。她的覺察力變得敏銳，也更能掌控自己對事物的回應。當她的心理和情感更常活在粉紅桶裡，健康狀況也改善了。她的內在智能開始流動，身心靈也漸漸提升。多年來我們開心地看著她先擺脫輪椅，再放掉拐杖，接著開始游泳、騎自行車，並且現身說法，以她發掘力量的經歷鼓舞許多人。

她當然還是多重硬化症患者，儘管如此，她選擇力爭上游、歡度人生，不再為生命中的種種挫折責怪整個世界。過去她活在綠桶裡，自從她找到粉紅桶一腳踩進去，她的生命從此改觀。

馬上停止自我設限

別誤會，雖然黎恩的故事千真萬確，但我們絕不是在宣稱粉紅桶思維能讓坐輪椅的人站起來，一天騎三十公里的自行車。人只要停止自我設限，誰也不知道他們能活出什麼樣的生命。人類原本就是天資聰敏、無所不能，只要充分發揮這些內在智能，非凡成就不但可能、也千真萬確會發生。黎恩不知道將來多重硬化症會不會再度侵蝕她的身體，我們大家也都不知道。不過她說，她會時時刻刻把注意力放在她能夠影響的層面。也就是說，不管將來怎樣，她都會繼續扮演生命的勝利者，不再當受害者。我們認為黎恩是最激勵人心的案例，她實踐了粉紅桶思考法，很久以前就停止埋怨，開始操控自己的人生。

世上還有其他不同凡響的案例，那些人基於自己無法掌控的因素，拿到一手不公平的爛牌，卻仍然能憑藉自己的內在智能，讓生命發光發熱。只要拿出正確的態度（影響取代抱怨，「能」取代「不能」，勝利者取代受害者），同樣能達到最高成就，充分體驗人生。他們之所以辦得到，正是因為把注意力放在他們能做的、影響得到的，並且留在自己生命的駕駛座。其中一個特別顯著的例子就是尼克・胡哲（Nick Vujicic）。力克一九八二年生，一出生就沒有四肢，醫學上找不出原因，產檢也沒發現異常。花點時間想一想：他天生沒有雙手雙腳。我們大多數人都會認為這是無法克服的重大難題，他卻做到很多有手有腳的人做不到的事，而且巡迴世界各地演講，激勵數百萬人。力克的座右銘是：「沒手沒腳沒問題。」如果哪個人有資格怨天怨地，那一定就是力克了。然而，他卻鼓舞世界各地的人，讓他們領悟到自己多麼幸運，幫助人們克服自己面對的挑戰，活出美滿人生。力克的故事我們簡單一筆帶過，細節留給你自己去探索。你只要上網搜尋他的名字，就能找到豐富的資訊，我相信你會感染到他的生命力。你也可以上 YouTube 看他的影片，或造訪他的網站 www.lifewithoutlimbs.org。

現在思考一下：在你生命中，你比較常運用粉紅桶思維的影響力，或陷入綠桶思維的埋怨？

如果你停止抱怨，以影響力取代，你的生命會產生什麼樣的正面結果？現在向自己許諾，只要發現自己在埋怨，馬上停止，轉而問自己這個粉紅桶問題：「這裡我能做些什麼改變？」

把注意力集中在你能做什麼，不去想你不能做什麼（受害者），讓自己留在人生的駕駛座上（勝利者）。

活在粉紅桶裡，就從對自己的承諾開始！一旦你付諸行動，就可以等待隨之而來的豐碩成果。

chapter 4

為自己建立強大的自我概念！

認可自己、接納自己、愛自己

當你覺得粉紅桶思維已經變成你DNA的一部分，它就能發揮最大效用。多年來我們在學員身上看到，最具破壞力的綠桶思維就是自我憎惡。這是一種深植內心、有毒的指責式自我批評。這種自我認同般的念頭很容易辨識，因為它們總是以「我……」或「我不……」開頭，用來判定自己「就是不夠好」。

我們每個人的一生中，或多或少都體驗過這種念頭的不同版本。

相反地，最有益的粉紅桶思維就是認可自己、接納自己、愛自己。同樣地，這些念頭通常也以「我……」或「我不……」開頭，只不過，現在它們可以提供穩固、正向的自我概念，產生有用的行為和回應。

你的自我概念就像一盞隨時給你指引的明燈。在心理上，你傾向扮演你自認的那個人。因此，如果你設定的目標或懷抱的志向不符合你的自我概念，比方說，你「想成大功立大業」，卻認定「我這個人沒才華又沒本事」，那就好比你想走到某個地方，背後卻綁著一條超大彈力繩。剛開始你可能舉步維艱卻小有進展，可是你會突然被拉回「你所屬的地方」。

如果你的粉紅自我概念強大又正面，而且符合你的目標和志向，那代表你是順風揚帆，不是逆水行舟，你在生命中出人頭地或如願以償的機會就比較高。比方說，如果你的願望是「我想要有一番了不起的成就」，那麼有益的自我概念就會是「我是個天資聰穎、足智多謀的人」。

全力提升你的自我概念

很多人從小被教導要謙虛，父母苦口婆心要他們「安分守己」「別好高驚遠」「別自吹自擂」「別炫耀」。對這些人而言，「愛自己」和「認可自己」這樣的概念一開始可能有點違心。了解這點以後，你必須知道你的自我概念會影響你的表現、你的體驗和你人生的成果。如果你希望在生命中獲得更好的體驗和成果，那就想辦法建立更有效的自我概念，算是送給自己的禮物。想辦法從粉紅桶視角認識自己，會有用的。你不需要自誇或自負，不需要那麼極端。你只需要欽佩、認可、讚賞自己，就像你以粉紅桶視角欽佩、認可、讚賞別人一樣。這麼做是在接納、認同並培養你最優秀的才華和特質（而不是不以為然或貶低它們）。全力提升你的自我概念，等於在鋪排結實堅固的石板，鞏固你要踏上的那條強化生命的全新道路。它讓你走得更輕鬆，一天比一天更可靠地帶領你去你想去的地方。

所以，想一想你在生命中要達成什麼、要體驗什麼，再想想你目前的自我概念是什麼。有多少「我……」開頭的句子落在粉紅桶裡，幫助你在生命中心想事成？又有多少「我……」「我不……」句子更常落在綠桶裡，阻礙你得償所願？有沒有哪些句子就像綁在你背後那條超大彈力繩，不但妨礙你向前邁進，甚至或早或晚把你拉回原點？

拿張紙，寫下真正反映你當下感受的「我……」句子，寫愈多愈好。把屬於綠桶那些圈起來，在屬於粉紅桶那些底下畫線。任何有效的改變都從覺察開始，所以像這樣的全面評估，可以幫助你了解目前的自我概念是你的助力或阻力。

我們協助學員建立更有用的自我概念時，通常使用上面那個「全面評估」的延伸版。

開始轉換成有力的句子

你圈起來的那些綠桶念頭現在可以轉換成更有用、在心理上對你的支配力更低的句子。做法是把那些無益的「我……」句子換成短暫的、屬於過去的、以活動或經驗為主的內容。這種句子通常包含動詞（或動詞進行式），不涉及個人（自我概念）。我用以下例子說明：

如果你的表單上列有以下的綠桶思維：

- 「我沒信心。」
- 「我做生意一竅不通。」
- 「我太老，適應不了新方法。」

然而，要達成你的目標卻需要信心、生意頭腦和創新想法與行動，那麼你如果把句子改成以下內容，就會好得多：

- 「我過去不曾在這種情況下發揮或展現全部信心。」
- 「我一直努力想全盤理解或領會生意的各種面向。」
- 「我一直告訴自己我的年紀有關係。」

這可以在心理層面上帶來一點希望，引導你思考以下的問題：

- 「我該怎麼在這個領域發揮信心？」
- 「我可以向誰學習？」
- 「我該如何採納新方法？」

只要你的綠桶思維附著在你的自我認同「我……」或「我不……」上，你就很難甩開它們。相反地，如果你把這些念頭看成短期內「正在」做或體驗的，你就可以考慮該如何彈性發展，向前邁進，填補任何看得見的疏漏。

馬上試一試，把所有無益的自我認同綠桶思維轉換成短暫的、屬於過去的、以活動或經驗為主的句子。再看看你能想出哪些可以幫助你進步和找出解決方案的問題，填補任何看得見的漏洞。

這裡的重點在於，所有落入綠桶的心理素質，都必須跟你的自我認同切割。切割你的頁面自我概念，把它們換成「正在進行」的動作，突顯它們不長久的本質和改變的可能性。請看以下例子：

- 「我最近在想……」
- 「我最近在告訴自己……」
- 「我最近的焦點放在……」
- 「我最近體驗到……」
- 「我最近觀察到……」
- 「我最近認為……」

- 「我最近一直在想像……」
- 「我最近聽見自己的內在偏見在說……」
- 「我最近有點辛苦……」
- 「我最近不太能適應……」
- 「我最近在那個領域的表現不如預期。」
- 「我最近不太能展現……」

這種將綠桶思維與你的自我概念切割的策略，也可以反向操作。你可以把以活動或體驗為主的有益粉紅桶思維納入你的正向自我概念，對你會很有幫助。你非但不會覺得它只是一時的或短暫的，反倒能在心理上感受到「附著力」和「持久度」。

同樣地，我以簡單例子說明：

如果粉紅桶思維包括以下內容：

- 「我以前成功過，我相信我還能成功。」
- 「上次那個計畫大家都覺得行不通，我卻發揮了創意。」
- 「先前我鼓足勇氣走出舒適圈，順利把事情辦妥。」

你也可以用這些當成證據，為自己創造一些有益的「我……」自我宣言，比方說：

- 「我辦什麼都能成。」
- 「我是個成功的人。」
- 「我充滿創意。」
- 「我勇氣十足。」

認可你自己的這些特質，這些特質就會更常出現。強化這些自我概念，可以幫助你表現出與它們相符的行為。

強化有益的自我認同

某種特質如果不常在你需要的時候出現，你可能很難把它列入你的自我概念。舉例來說，如果你偶爾會把事情搞砸（誰不會？）那麼強化「我是個成功的人」這個自我概念，可能就不是那麼恰當。你的內心會有一番交戰，因為每次你覺得「我很成功」的時候，就有某部分的你在說「不，你不是。」基於這點，我們開發出一個粉紅桶策略，幫助學員在不引發內心交戰的前提下，強化有益的自我認同。

基本上就是以稍微不一樣的句子取代「我……」。

有助於減少牴觸的例句如下：

- 「我在最最最最好的狀態下，可以……」
- 「真正的我……」
- 「我站在粉紅桶裡的時候……」
- 「我把聰明才智的閘門打開後……」

善用這類句子既能認可你自己的優點，內心也不會覺得衝突。

現在就動手做，在空白紙張頂端寫下上面建議的任何句子，再用剩餘的頁面重複造句。每個新造的句子都用不一樣的詞語銜接，直到你想出許多可以用來融入你的自我概念的特質。請參考以下的例子：

「我在最最最好的狀態下，可以……」

- 和善
- 體貼
- 有才華
- 信心十足
- 足智多謀
- 有愛心
- 值得被愛
- 有勇氣
- 有彈性
- 有技巧

- 善於溝通
- 受人尊敬
- 尊重別人
- 活力充沛
- 能鼓舞他人
- 能實現夢想
- 有說服力
- 有決心
- 有能力
- 誠懇

- 可靠
- 有自信
- 有創造力

以此類推。

列出一連串你在最好的狀態下曾經展現的特質，每天把表單拿出來添加內容，用堅定的語氣在心裡默念，或口頭念出來，可以讓它們保持鮮活！簡單來說，時時提醒你自己，「這就是踏進粉紅桶裡的我。」

還有另一個粉紅桶練習可以用來強化你的正向自我概念，那就是完成以下這個句子：「我真心讚賞我⋯⋯」

也可以換成「我最愛我自己的……」

或「我能認可我自己的地方在於……」

努力強化你正向、有益的自我概念是非常有價值的練習，它能夠滋養靈魂！

事實上，你是由各種特質和才華組合的非凡存在，地球上再也找不出第二個。你獨一無二，你的人生有個特定目標，只有非凡的你才能圓滿實現。

關於做你自己這件事，你是世界冠軍，其他人都只是配角。所以不妨盡情揮灑，認可你自己，愛你自己，做你自己。

一步一步地改採粉紅桶視角看你自己，享受這個過程！

想一想你在生命中要達成什麼、要體驗什麼，
再想想你目前的自我概念是什麼。
認可你自己的特質，這些特質就會更常出現。
強化自我概念，
可以幫助你表現出與它們相符的行為。

chapter 5

看見別人心中的鑽石！

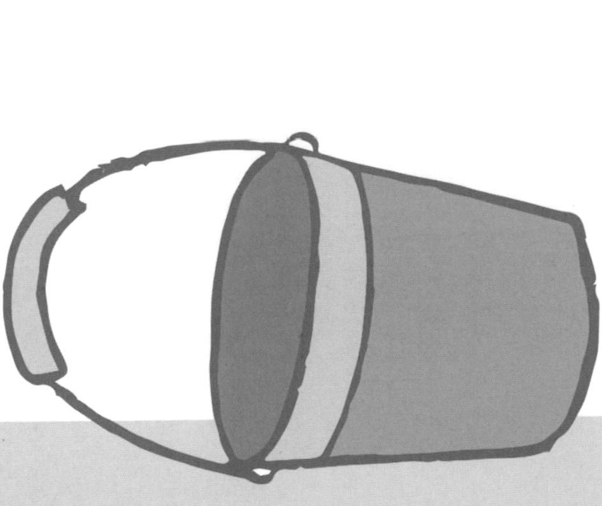

學習看見別人的好

活在粉紅桶裡有個關鍵，那就是以粉紅桶視角觀看別人。如果你能看見別人最好的那一面，就更有機會引導他們表現出最好的那一面。

我相信你還記得，求學時代總有某個學生不知怎的被列入黑名單，他／她的姓名往往跟「問題學生」畫上等號。老師即使還沒見到或教過那個人，只要在名單上看見他／她的名字，就已經認定他／她會是個麻煩精。老師們預期看見那個學生最糟的表現，這樣的心態肯定會在與那個學生互動時流露出來，這就等於設定自我印證預言。老師看見最糟結果、預期最糟結果，也傳達最糟結果。他們在心理上受到提示，要去注意最糟的面向，從最糟的角度解讀一切。他們無論觀察到什麼行為，都賦予最糟的意圖，最終誘導出那個學生的最糟表現。

當然，這種對別人的綠桶視角可以出現在學校以外的許多情境：可以在家庭、機構、運動團隊、醫病關係、軍隊、監獄。只要有人際互動的場景，幾乎都看得到。

我們在別人身上看見什麼、期待什麼，會影響到我們怎麼看待他們、怎麼和他們建立連結、對他們有什麼感受，以及我們最終從他們身上得到什麼。

如果你學會相信以下這個有效假設：每個人內在都有個珍貴寶藏，結果會如何！想像那是獨特、無價的珍寶，永遠存在，就算現階段不明顯，也沒有展現出來，你卻可以相信它確實存在，也能找到它，挖掘出來。這是更有效的粉紅桶視角，能夠影響接下來發生的事。

認定每個人都有那個內在珍寶，願意尋找它，甚至積極付諸行動，會是挖掘它的關鍵。等你挖掘出來，它真正的價值就能被發現，也能顯露出來。

就算某個人不相信自己的潛力，也不能在日常生活中展現真正的價值，你都願意想辦法幫他／她找出來，這可能需要一點非凡的毅力。不過，堅持這樣的粉紅桶視角，有機會贏得豐碩回報。你能喚醒別人，讓他們展現出最驚人的潛力，也能讓他們獨一無二的價值綻放光采。當他們散發出純淨璀璨的光芒，他們周遭的每個人（包括你）都有機會獲益，那就像整個世界都變亮了一點。

讓別人更多機會呈現最好的自己

回想一下那個被列入黑名單的學生，也許會有某個老師採用偏向粉紅桶的視角，比其他老師更能看見他／她的潛力。也許那個老師比大多數老師更相信那個學生；也許他／她確定這個學生不像傳聞中那麼糟；也許他／她看見別人忽視的可能性。這樣的粉紅桶心態，肯定會表現在那個老師與那個學生的互動中。因為這個老師的緣故，那個學生可能會開始表現出新的行為和回應。或許也因為這個老師，那個學生開始綻放光采。因為這個老師，那個學生開始允許自己真正的力量展現出來。這個老師看見學生最好的一面，就像拿著一面鏡子，讓那個學生用更正向的眼光看待自己。

在人們身上找出寶藏或看見鑽石，不保證他們會對你展現最好的一面。不過，這樣的粉紅桶視角至少讓他們有更多機會呈現最好的自己，也更有機會散發更明亮的光采。這麼做等於向他們內在最好的一面發出邀請，讓它們出來一顯身手。這麼做也等於照亮別人的輝煌潛力，清楚明白地讓他們知道，他們不但擁有那些寶藏，還可以隨時取用，能對當下的局勢和整個世界做出了不起的貢獻。如果我們希望某個自印證預言成真，最好確保這麼做值回票價！我邀請你許下承諾：日常生活中不管在公私領域與他人互動，都要看見對方最好的一面。你這麼做的時候，不妨留意一下，看看你和他人的關係改善後，你得到多少好處。

在背後讚美別人

關於「看見並找出他人的內在鑽石與寶藏」這個粉紅桶態度，有個練習非常適合跟它搭配，那就是稱讚別人（特別是他們不在場的時候）。

在各種指導與訓練課程中，我們曾經和不同機構的團隊合作，我們發現，一個團隊如果欠缺凝聚力，不能通力合作，最明顯的跡象就是成員背地裡說彼此壞話。某些團隊每天都有這種損害名聲的八卦，這是非常嚴重的綠桶現象。

當然，這種事不只發生在團隊裡。這種暗箭傷人的綠桶行為同樣會出現在各種群體、社會團體、家庭和教育場景，變成一種被默許的文化。

這種負面溝通可能損及那些被中傷的人的名譽，也會吸引其他人加入（只為了當下融入群體變成圈內人）。這可能迅速發展成被認可的標準，容許、甚至塑造貶低他人的行為。這或許也會變成人們發洩情緒的管道，或者被刻意用來助長「我們與他們」視角，激發出短暫的團結感，對抗那些被談論的人。不管背後的原因是什麼，這種綠桶現象有個關鍵作用，那就是它會破壞彼此的信任。

你想想，如果你習慣說別人壞話，聽的人會不會覺得你背地裡也會數落他們？他們心裡可能在想，「天哪，我不在的時候你會說我什麼？」某些團體或社群非常流行用言語批評他人，這不但妨礙別人享受人生，更會阻滯團隊或社群的進步。

最低限度，我們請你至少遠離這種綠桶對談，不要為眼前的誘餌動搖，不要贊同別人提出的有毒評論，遠離那些負面八卦。

我們不是要求你漠視無益的人際問題。如果探討某些人的行為是為了解決重要問題，就不要當鴕鳥。我們只是希望你分清楚，與人溝通時什麼可以接受，什麼不能接受。

建設性地討論如何讓關係變緊密、讓事情變好，跟貶損他人大不相同。問題的重點其實只在你有多尊重別人。有個留在粉紅桶的好辦法，那就是問你自己：「我對我談論的人有多少尊重？」另外，問你自己：「我說這些話會不會傷害別人的名譽？」也能提醒你想一想那些話恰不恰當。

「如果跟那個人面對面，或者他就在旁邊，我還會說出這些話嗎？」這也是提醒自己三思的好問題。另外，「我該怎麼用最尊重的方式說出這些話？」也能幫助你選擇粉紅策略。

激發人們最好的一面

在現今忙碌的生活型態下，我們錯失太多稱讚別人、說別人好話，轉述別人的貢獻、優秀特質、才華與善意的機會。在某些團隊、組織或社群，可能一整天都沒有出現任何正面閒談。重大貢獻沒有人提及，稱讚的話放在心裡，以為彼此心有靈犀。有太多粉紅桶閒聊機會，卻沒有人好好把握。

想像一下，如果你能首開風氣，引導大家聊些正向八卦，會帶來多麼正面的衝擊。如果你以身作則，主動在當事人面前和背後讚美他，結果會如何？如果你談論別人之前先踏進粉紅桶裡，又會如何？如果你反駁毫無益處又不尊重人的閒言閒語，採取行動防患未然，結果又會怎樣？扭轉整個組織、團隊或社群的文化，引導大家用更尊重的言語談論別人，會引發什麼效應？

如果你真的有心激發出人們最好的一面，想要吸引別人、跟別人建立關係、解決人際問題、爭取團隊成就，那就養成習慣，在你遇見的每個人身上看見鑽石，把握所有機會宣揚那些傑出的鑽石特質。

請盡情採用並推廣這個粉紅桶視角！

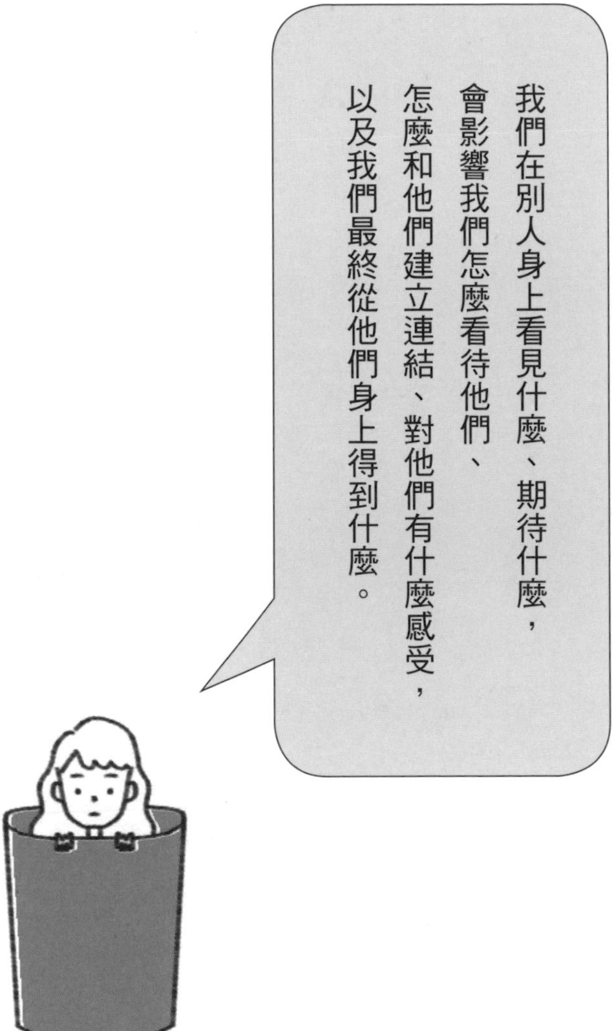
我們在別人身上看見什麼、期待什麼，
會影響我們怎麼看待他們、
怎麼和他們建立連結、對他們有什麼感受，
以及我們最終從他們身上得到什麼。

chapter 6

樂觀主義、災難與解決方案

好的偏見：建設性預防

我們的思考模式都帶有偏見，有時那些偏見對我們有用（粉紅桶），有時可能會妨礙我們（綠桶）。更靈敏地覺察自己的偏見，可以幫助我們調整思考模式，讓它為我們帶來更多助益。除了提升覺察的敏銳度，你也可以透過刻意練習，在思考模式裡創造對你更有用、效果更持久的新偏見。

我們來探討某些經常出現在人們思考模式裡的偏見。

世界上有許多人非常擅長我們所謂的「災難式思考」。我們不否認，生命中總有某些時刻或地點，適合預期災難的發生。比方說在專案管理領域，預先思考可能發生的問題，再建設性地想辦法預防、將發生機率降到最低，或不幸發生時有效地處理，正是職責之一。這其實是一種解決方案導向模式。預先想出可能的災難，只是為了安排防範措施，確保計畫順利進行。這種模式是設計來預防可能的變故，只要計畫能順利推動，參與的人也能擁有一段愉快經歷，這也是一種粉紅桶策略。

不好的偏見：用想法折磨自己

我們把這種策略拿來跟那種不以解決問題為導向的災難式思考做個對比。很多人幻想著可能永遠不會出現的問題、根本不存在的漏洞與或許永遠不會發生的災難，用這些想法折磨自己，讓自己神經兮兮、緊繃焦慮，陷入拖延的困境。如果想這些東西不是為了尋求解決方案，那麼這些念頭只會不停在腦海裡循環，讓人看不到希望，感到無助。因為害怕潛在的後果，當事人往往不敢採取有效的行動。在最極端的情況下，人們因此一步都不願踏出舒適圈，什麼都不敢做。一個人如果希望有所成就，這種思考模式顯然沒有幫助，甚至可能妨礙他們在日常生活中體驗成就感。

不以解決問題為導向的災難式思考，根本就是浪費能量。它讓人心力耗竭，一事無成，只帶來困境和壞心情。

三種慣性思考模式

在多年的輔導與訓練生涯中，我們總結出大多數學員可能有的三種慣性思考模式：

1、**不以解決問題為導向的災難式思考（因而覺得無助又絕望）。**

2、**以解決和預防問題為導向的災難式思考。**

3、**無視潛在問題的樂觀主義（信心滿滿地認為無論發生什麼，最後都會有好結果）。**

這些思考模式沒有對或錯，它們之間也沒有優劣上下。不過，我們觀察到有趣的現象：不同思考模式的人，成就和體驗也有所不同。

那些傾向災難式思考、卻不是為了解決問題的人，通常會感到焦慮或沮喪。他們經常被無力感包圍，覺得情勢總是對他們不利。在實現抱負追求目標方面，他們的表現永遠趕不上別人。他們會覺得自己搭上恐怖飛車，沒辦法信任開車的人。從這個角度看來，上面三種思考模式之中，這是最綠桶思維的一種，對當事人沒有一點幫助。

相較之下，那些傾向以災難式思考尋求解決方案和防範措施的人，肯定能夠向目標邁進，實現理想抱負。只是，這種思考模式也有風險，因為他們可能會強調安全至上、面面俱到，因此少了做事的衝勁。這些人體驗到的人生樂趣可能會比積極樂觀、順勢而為的人少得多。再次強調，這沒有對或錯。

傾向這種思考模式的人也許可以評估一下，這種模式在什麼情境對他們有幫助，在什麼情境下又該彈性調整，換成另一種思考模式。因此，這種思考模式既包含有益的粉紅桶元素（當它們發揮作用時），也有綠桶思維的危險。

至於那些傾向樂觀思考模式、無視潛在問題的人，他們習慣以非常正向的心態（粉紅桶）體驗世界，通常更有機會實現抱負達成目標，因為他們在前進的道路上看不到阻礙。這種思考模式的危險在於，他們可能預期不到某些別人預料到的嚴重問題，導致事出突然措手不及。這有時會阻礙事情的進展，並且因為欠缺預防措施而增加工作量。不過，他們往往能迅速回到足智多謀的狀態，也能樂觀地尋找前進的道路，很快就回到邁向成功的路徑，而且能享受過程。經驗告訴我們，這幾乎可以確定是最粉紅桶的思考模式，不過，偶爾它可能會讓人遇上原本可以避免的不預期障礙（綠桶）。

當然，任何一種思考模式究竟有用無用，牽涉到的不只是個人的目標和體驗。如果當事人是團隊、組織、家庭或群體的一分子，我們還得考慮他的思考模式對整體是不是有益。有時某種思考模式可能會變成綠桶思維，因為它對其他人沒有幫助。舉例來說，如果某個樂觀的人跟習慣性預期潛在災難的人共事，那麼想法樂觀的人可能會覺得能量被對方耗盡。同樣地，預期災難的人如果遇上樂觀的隊友，焦慮程度可能會大幅升高。（他們下一步打算怎麼做？他們考慮過可能發生的問題了嗎？）當然，這時可以採用的粉紅桶策略就是尊重個別差異和偏好，找出不同思考模式之間可以怎樣互補。就讓樂觀的人提出瘋狂刺激的點子，再讓善於預期並解決問題的人修改那些瘋狂點子，將它們變成可以執行的務實方案。

這裡的關鍵在於尊重每個人的需求。比方說，偏好樂觀思考的人需要我們在指出潛在問題之前，先感受他們的熱情；容易嗅出潛在問題的人可能需要一點時間和證據，才能確定某個點子行得通。別忘了，思考模式沒有對錯，差別只在於它們對某個特定情境、某段特殊旅程和某些特定成員是不是有用。

讓思考更有彈性

現在我們要再請你想一想，你的思考模式之中有沒有存在任何偏見？你比較常採用第一、第二或第三種模式？它們對你有沒有用？

如果有用，也就是能幫你得到你和其他人想要的成果和經驗，那就更常採用那種模式。如果不管用，也要誠實面對。這時就要考慮換一種思考模式，看看對你和你的夥伴是不是比較有幫助。

有沒有哪些時候，你如果更樂觀一點會比較好？

有沒有哪些情況，你如果更偏向尋求解決方案、問自己該怎麼達成目標，而非滿腦子想著你辦不到的理由，對你會更好？

某些情況下，如果你停下腳步、建設性地思考可能發生的潛在危險，好讓你在樂觀行動以前做好準備，會不會比較好？

所謂粉紅桶視角，就是在特定情境、想要的結果和特定參與者等條件下，最有功效的思考模式。最能彈性調整的人，通常也是最常落入粉紅桶的人（參考第11章）。

盡情覺察和調整吧！

chapter 7

你怎麼解讀？

大膽採用粉紅泡泡

你對你遇見或體驗的事物的看法，往往會影響你的感受和回應，某種程度上也影響接下來發生的事。某些看法屬於粉紅桶，其他則屬於綠桶。

對於任何時候發生的任何事，我們可以解讀的角度幾乎沒有上限。儘管如此，我們總是忍不住認為，我們的看法就是唯一一個，或正確的那個。

人們對事物的看法通常有討論空間，這是好現象。如果你習慣的解讀方式對你有幫助，讓你懂得變通，能建設性地發揮或回應，讓你獲得你希望從生命中得到的感受與體驗，那就放心大膽地採用這些粉紅桶看法。然而，如果你的看法通常綁手綁腳，讓你的才能難以施展，減緩或妨礙你的成就，或影響你享受人生，那麼你可能需要考慮一下，有哪些更好的解讀方式對你更有幫助。

同樣地，解讀沒有對或錯。與其爭論誰的看法是正確的（可能永遠沒有結果），我邀請你保持務實心態，引導自己永遠用最有益的角度解讀事物。

我舉個實例來說明。約翰要去風光明媚的地點度假，卻錯過他的班機。他好不容易爭取到這次休假機會，跟未婚妻凱倫約好在當地碰面。他錯過班機，這件事已經拍板定案，事實擺在眼前。當然，還要看約翰怎麼解讀，他的看法會影響接下來的發展。

我們來看看幾個可能的角度。對於錯過班機，約翰覺得……

1、這是一場大災難，而且明顯是他和未婚妻未來關係的不祥預兆。

2、命運之神在守護他，也許他因為沒搭上飛機，避開某個不愉快處境（俗話說「事出必有因」）。如果他搭上那班飛機，說不定會碰上差勁的鄰座乘客，或者行李被摔壞、碰上驚悚的亂流、跟人起衝突等。

3、他讓未婚妻失望，顯然不是理想的未來老公。

4、他想辦法改班機（順便趁這個機會跟航空公司爭取機位升等），用行動向自己和未婚妻證明，他面對壓力時多麼懂得隨機應變。

5、這是個大好機會，他處理班機問題的時候可以打電話給度假中心，幫凱倫安排放鬆身心的ＳＰＡ療程，給她一個驚喜。等他到達目的地，她心情肯定愉快、放鬆又平靜，覺得自己很受寵，兩個人於是度過一段甜蜜假期。

6、沒什麼——就是沒搭上飛機，如此而已。

7、凱倫一定會覺得不受重視，兩人的感情因此受到波及。

8、他是個白痴，連最簡單的事都辦不好。

9、接下來幾天他都會精神緊繃，假期也毀了。

10、他在機場會有多餘的時間處理未完成的公事，等他到了目的地，就可以全心全意跟凱倫歡度假期。

你的解讀方式影響互動與回應

當然，這些解讀都可能正確，當下也很難證明哪個是真、哪個是假。只要選擇其中一個角度，就能啟動連鎖反應，最後通過自我印證預言，產生它自己的證據。

如果約翰認為錯過班機是一個機會，他：

- 多半會維持好心情。
- 可能會把握他看見的機會（或許因此更能看見其他機會）。

- 期待好事發生。
- 能夠隨機應變，帶著愉快的心情抵達目的地。

這些會影響他見到凱倫時的表現，他跟凱倫的互動方式也會帶動她的回應。這又會製造證據，證明他當初的正向解讀是正確的選擇。於是他受到鼓舞，未來更常留在粉紅桶裡。

相較之下，如果他認為錯過班機是躲不開的倒楣事，就會：

- 消耗他的能量。
- 阻止他看到周遭的機會。
- 以負面觀點看待接下來發生的事。
- 覺得能力不足。

• 讓他刻意尋找更多他預期會跟著來的壞事。

這很容易會讓他確認自己一開始的解讀是正確的，未來更容易傾向綠桶思維。

隨時問自己：「我該如何解讀這件事？」

任何時候，只要你發現自己對情境的解讀讓你喘不過氣來，問自己以下這個問題：

• 「我如何解讀這件事？」

以及……

• 「如果有數不清的角度可以詮釋這個情況，那麼此時此刻我可以採用什麼比較有幫助的解讀？」

現在開始培養一個心態，那就是解讀是編造出來的，它只是看事情的角度問題，是「隨手可得」的。這麼一來你就會發現，某些解讀是有益的，另一些是無益的，而解讀的角度會影響事件接下來的發展。站在這個粉紅桶視角，你就能務實地看待解讀，也能主動選擇可以幫助自己發揮才能的有益角度，而不是一味地認定最先浮出腦海的解讀就是真的。

好好觀察你對情境的看法，選擇對你最有利的粉紅桶解讀。

任何時候，
只要你發現自己對情境的解讀讓你喘不過氣來，
問自己以下問題：

1. 我要如何解讀這件事？
2. 如果有數不清的角度可以詮釋，
那麼此時此刻我可以採用什麼比較有幫助的解讀？

chapter 8

清楚你要的是什麼

許多你不想要的結果和經驗

粉紅桶指向某個方向，那就是你想要體驗、想要達成的一切；綠桶則指向相反方向。

我們來動動腦。你對某種局面厭倦透了；你受夠了某件事；你不希望再像上次一樣把事情搞砸；你害怕再跟某個人談起那個話題；你不想再為某件事提心吊膽。這些想法一開始都有機會帶動改變。一旦你下定決心改變，只要換個角度思考你想要什麼，通常會更有效率，也更容易往好的方向發展。它讓你的頭腦有個目標可以邁進。如果你只是固執地聚焦在挫敗，滿腦子只想著你不想要的結果，那麼你等於站在壁架上告訴自己：

- 「別擔心。」
- 「別害怕。」

• 「別往下看。」

• 「別驚慌。」

• 「別昏倒。」

• 「別滑跤。」

• 「別摔倒。」

• 「別失去平衡。」

• 「別掉下去。」

• 「別想像自己死得很慘。」

• 「別嚇得動彈不得。」

• 「別搞得不可收拾。」

• 「別想你離地面有多遠。」

頭腦需要你的指引，如果你的關鍵字是你不要的結果，事情就只能往那個方向發展，你可能會創造出許多你不想要的結果和經驗。你想一想，這時迴盪在你大腦和神經系統、指引每個神經元下一步行動的關鍵詞是：

「別驚慌！」

「驚慌！……驚慌！……」

「驚慌！……驚慌！……驚慌！……」

「驚慌！……驚慌！……驚慌！……」

這是非常綠桶的念頭，我相信你也能認同！你的頭腦如果清楚知道你希望它專注什麼，對它會很有幫助。

清楚的目標和方向

站在壁架上的時候，對自己說以下的話會有用得多：

- 「保持冷靜。」
- 「專心。」
- 「想想辦法。」
- 「保持應變能力。」
- 「想想有什麼最好的方法可以去到你想去的地方。」
- 「確保安全。」
- 「站穩了。」
- 「你辦得到。」
- 「你可以去到安全的地方。」
- 「小心平穩地沿著壁架走到安全的地方。」

• 「專注想著你要去的地方。」
• 「你不會有事的。」

這些念頭的目的與我上面列舉的那些例子相近，都是為了確保受困的人平安，幫助他／她擺脫危險，換個更好的處境。然而，第二組念頭提供大腦更好的指示。這是粉紅桶思維，只因它們更有效！

所以，任何時候只要你發現自己的動機是結束某種不愉快或不想要的情景，記得感恩那個動機，再問自己「那麼我想要什麼樣的體驗？」或「我希望事情如何演變？」或「我想要達成什麼目標？」再專心想著這些答案和它們帶來的益處。

這可以運用在各種不同情境，也可以用在特殊目標：「明年開始我決定每個月要有一筆固定金額充做慈善捐款。」或者你平時可以運用這個原則激發某些特殊的內在體驗：

- 「我已經準備好展現自信。」
- 「我要冷靜面對這次會議。」
- 「此時此刻我可以感恩什麼？」

也可以用在日常生活中你想要的特定結果：

- 「我要拿下這筆生意。」
- 「我要懷著敬意聆聽，進一步了解這個人的需求。」
- 「今天我要找個機會跟上司談談那件事。」

以此類推。

慢慢練習，自然就習慣

想要建立習慣，讓你的大腦轉換跑道思索你想要的結果，一開始確實需要一點刻意的專注和意圖。但你會慢慢熟練，最後習慣成自然。站在粉紅桶角度思考，也會改變你說話的方式。你會變得更善於轉移別人的注意力，讓他們把焦點轉向有益的方向。到那時，受益的就不只你個人的成就和體驗。比方說，如果你有子女，那麼告訴他們「走路小心點」，傳達的訊息會比「別摔跤」有用得多。或者如果你是主管，當你說「這次的挑戰，你的能力綽綽有餘」會比「別擔心搞砸」，對下屬更有幫助。或者你發表簡報時說「你們放心，等到課程結束，這些東西你們都會很熟練」會比「別擔心，我要教的這些東西不會造成你們的壓力」效果更好。

這聽起來簡單得不得了，幾乎有點小題大作，可惜有太多言語和念頭是指向人們不想要的體驗，或不希望看到的結果。成為一個思考與表達都朝向想要的經驗與結果的人，可以幫助你和周遭的人更常、更容易、更持續心想事成。

好好留意你的念頭，將它們轉向有用的粉紅桶方向！

chapter 9

你和過去的關係

你如何看待「過去」的自己？

你的過去可以是你的朋友（粉紅桶），也可以是你的敵人（綠桶），就看你怎麼看待它。

我們從過去學到的東西，可以引導現在和未來。你的過去總有些值得驕傲的事，可以提醒你，你是多麼機智聰敏。但你的人生或許也有某些篇章，讓你失望、沮喪、混亂、迷失或無助。

過去的經驗會塑造你和你目前的人生。從現在開始，你可以選擇如何看待過去。

純粹從務實的角度來說，讓過去來支持你現在的生活，啟發你、帶給你力量（粉紅桶思維），會比讓過去折磨你、限制你、騷擾你（非常綠桶的思維）有益得多。

如果過去是你的心病，比方說你曾經受過創傷，那些事對你一直有負面影響，那麼你不妨考慮尋求專業協助來釋放自己。這麼做能幫助你把重心和能量集中在現在與未來，你也會覺得真正得到解脫。

擔任治療師多年，我很清楚一個人如果只是壓抑或無視仍然造成困擾的過去，就很難真正活在當下。最好來個大掃除，讓你的心理垃圾大幅減少，你也有更多心理運作空間來掌控目前的人生。

提供看待「過去」的方法

至於哪一種治療、哪一位治療師比較合適，這種選擇純屬個人。坊間有非常多優秀的治療師，可以幫助你清理過去那些無益的垃圾。

我個人協助人們處理過去的議題時，偏好混搭身心語言程序學（Neuro

Linguistic Programming）和海凡寧療法（Havening Techniques™）的多個技巧。身心語言程序學簡稱ＮＬＰ，由理查・班德勒（Richard Bandler）和約翰・葛瑞德（John Grinder）共同開發，網址：www.richardbandler.com和www.johngrinder.com。海凡寧療法則由朗恩・魯登（Ron Ruden）與史蒂芬・魯登（Steven Ruden）兩位博士合作開發，網址：www.havening.org。

即使你明顯不需要藉助治療來清理過去的垃圾，知道自己如何看待過去，對你還是有好處。

首先，以下是一些相當無益的綠桶角度，偶爾你可能會用這些方式看待過去：

- 在腦海裡重新經歷過去的錯誤、挫折，或某些你可能視為失敗的事件，再把那些事件與你這個人牽扯在一起。比方說，「那件事沒做好，所以我是個魯蛇」或「那證明我多麼沒用」或「我顯然天生沒辦法跟人相處」這些心理活動會讓你感到遲鈍無能，阻礙當下的發展。參考第4章。

- 在腦海裡一遍遍回想別人打擊你的言語，或讓你耿耿於懷的批評。
- 拿過去的經歷當理由，作為此刻沒有採取有效行動的藉口：「這我辦不到，以前我試過這個那個辦法，都沒用」。
- 以無益的角度解讀過去的事件或經歷。比方說，「那件事沒成功，代表情勢對我不利」或「發生了那件事，代表我再也沒有機會擁有圓滿成功的人生」。參考第7章。
- 沉湎於你再也改變不了的過去，奢望事情有不一樣的結果：「但願我可以讓時光倒流」或「如果發生了某件事就好了」。

- 回顧你過去慣有的行事風格，認為那是唯一的選擇。
- 拿過去跟現在比較，覺得現在不如過去：「在我那個時代根本不需要考慮這種事……」或「以前比較容易成功」或「要是現在的時機跟過去一樣就好了」諸如此類。

這種念頭只是浪費（消耗）能量，而這些能量原本可以用來享受、體驗當下，幫助你朝你的目標和你想要的結果邁進。

學會粉紅視角的回想

當然，回想過去未必都是無益的。以下有幾個有益的粉紅桶角度，可以用來跟你的過去建立連結：

- 用正向的好奇心回想過去的錯誤、挫折或失敗。問問自己，你可以從那些事學到什麼，以便在未來做得更好。

- 重演過去的輝煌時刻，將那些事跟你的自我感建立連結：「我促成那件事……我非常能幹，機智過人」「我挺過那件事……我這個人果然勇氣十足又意志堅定」「我幫我朋友寶拉度過難關……我真是個仁慈又善良的好人」。參考第4章。
- 盡情回想別人對你說過的那些帶給你力量的話語，或對你的讚美、恭維和正面評價。細細品味那些時刻，沐浴在那些正面評價裡，讓它們滋養你的靈魂。
- 重新體驗你或別人過去的成就，藉此重燃你的信心，幫助你在當前或未來開創新局。把過去當成啟示、點子和方法的資源銀行。比方說，「過去我有過成就……這次也有足夠能力辦到」「過去我曾經適應全新局面，證明我這次也行，目前的情況跟那次沒有差別」「歷史上有太多非凡成就的先例，那些事在當時大多數人眼中幾乎是不可能的。人類建造金字塔、發電、登陸月球，我們當然能繼續創造奇蹟」。

- 用有利於當前和未來的角度，解讀過去的不順利。比如，「每一次挫折都是學習，讓我愈來愈接近重大突破」「因為經歷過那件事，我現在處理事情的能力大躍進」「如果我沒碰上那件事，可能不會做出那個重大決定……」「回想起來，那件事其實是隱藏的禮物……最終能夠造就我」。參考第7章。

- 回想你過去感受到的、特別有益的情感或狀態，比如自信、平靜、振奮、喜悅、堅決、果斷、自我肯定等。全心全意跟那些時刻建立連結，想像你真的再一次經歷那些正向或滋生力量的時刻。這麼做能重新啟動那些時刻，可以提醒你的系統，那些狀態和情感確實可能發生，而且你有能力讓它們再次浮現心頭。接下來你可以在覺得自己本領高強的狀態下，帶著你的正向情感、狀態和無所不能，踏進你的未來，對你會很有幫助。在腦海裡盡情想像更多未來的美好時刻，讓你全身上下充滿力量（心理預習）。

- 對於過去的一切，必要時積極地原諒你自己和其他人（即使那人已經不在人世）。這件事說起來容易，做起來通常很難，卻值得你用心去做。因為不能寬恕的人（通常感到憤怒、厭惡或憎恨），往往是唯一那個受苦的人。徹底寬恕，不代表過去發生的事是對的，它只是一個放下過去、向前邁進的過程。對你而言它是一份禮物，幫助你釋放原本可能被消耗殆盡的能量，好讓那股能量轉向更正面的方向，比如享受生命，自我肯定，朝你的目標邁進。原諒每個人做的每件事，有史以來第一次讓過去一筆勾銷，這是你能帶給自己最神效的解脫體驗。

同樣地，如果你需要協助，治療師或輔導員能夠幫助你。

我相信你已經明白，把你的過去當成夢想起飛的發射平台，會比拿它當棍子把自己打得遍體鱗傷合理得多。

學著用粉紅桶視角回想，盡可能跟你的過去建立最友善的關係，這樣你才能全然活在當下，也才能覺得能量飽滿，隨時可以迎向未來。

一個人如果只是壓抑或無視仍然造成困擾的過去，
就很難真正活在當下。
最好來個大掃除，
讓你的心理垃圾大幅減少，
你也有更多心理運作空間來掌控目前的人生。

chapter 10

放下渴求

強烈迫切之心

你打定主意要完成某件你在乎的事，也決心要達成目標：這是粉紅桶思維的絕佳例證。現在想像另一個相對的綠桶思維：你迫切需要完成某件事，你的一生幸福就看它了。

這兩種念頭之間有一條細線，你站在線的哪一邊影響深遠！前面那個粉紅心態能幫助你大步前進；後面那個迫切或渴求的心態，卻會扯你後腿。

我用單身男女尋找終身伴侶來說明。單身的人多半想找個合適對象，建立可長可久的幸福關係。我們每個人都有機會處於那樣的時期，也許你目前就是？

派翠西亞也在找對象，她清楚知道什麼樣的伴侶適合她，也信心十足，知道對的人總有一天會出現。目前單身的她覺得自己是「完整」的，她樂意找個伴共度一生，只要彼此個性合拍，對方也符合她的期待。派翠西亞知道自己要什麼，也知道自己值得最好的。她知道她一定找得到那個對的人，也懂得按部就班、循序漸進。她經常參加喜歡的社交活動，認識新朋友。每一次她都抱著健康又放鬆的心情，不糾結自己能不能遇到想進一步交往的對象。她不急著「這星期」一定要成功，也不願降低標準跟不對的人湊合。她充滿自信，開心地做自己。對於要不要接受別人的邀約，她有自己的定見。雖然她也想談一場戀愛，但即使她一輩子都沒遇見好對象，也不會因此覺得自己的人生有缺憾。她仍然感到幸福美滿，有高度自我價值，也決心活出最充實的人生。

再來看看大衛尋找另一半的心態。他覺得自己不完整，覺得他從沒談過真正的戀愛，現在年紀恐怕太大，很難有機會脫單。警報響起（在他心中），他覺得就算世上真的有個適合他的好對象，對方也不一定看得上他。事實上，大衛認為只要有人願意跟他交往，就算他走運了。他一星期參加五次社交活動，也定期參加快速聯誼。他經常查看或更新他在各大交友網站的個人檔案，希望有人對他產生一丁點興趣，或者也許有人給他留了訊息。除了睡覺時間以外，他隨時隨地都在渴望，想著到底該怎麼找到願意跟他約會、進而交往的人。他說他需要跟另一個人共度一生，才有機會覺得完整，才覺得自己是有價值的人。

愈急愈糟

無論如何，派翠西亞都會有個圓滿人生，這是好事。她的念頭讓她活在粉紅桶裡！她可以朝目標前進，為自己創造機會。當機會出現，她也隨時準備好做出回應。她不渴求，意味著她只會在遇到合適的潛在對象時，才釋出訊息。她知道自己要什麼，自信滿滿，不在乎結果（不會因此影響心情），反而增加她成功的機會！

大衛整張臉幾乎寫滿了「著急」。他內心匱乏，這麼一來，他只會吸引那些專門利用這種焦急心態的人，或那些自己也感到非常匱乏、沒有安全感的人。在潛在交友對象心目中，大衛的急切只會令人反感，不想跟他建立任何關係。這又會進一步確認他的缺乏自信，讓他萬念俱灰，覺得沒有能力扭轉現況。大衛覺得他必須有個伴，人生才能幸福。這麼一來，他更難找到對象！

某種程度上這很奇怪，違反常理：我們愈是急於促成某件事，事實就好像愈不願意成全我們；我們愈是不把結果放在心上（但仍然清楚自己要什麼，也準備好做出回應），就愈樂意給我們最好的結果。

問自己：內心想要的

再用另一個假想情境說明。我們假設菲利普和莎莉都是專業銷售人員，負責向設計公司推銷套裝軟體。菲利普把焦點放在建立人脈，談成交易，爭取最高額佣金。他的銷售態度熱衷又堅定，而非急迫與渴求。對於銷售他胸有成竹，也知道每一次生意落空，代表他距離下一筆成功的生意更近了。反觀莎莉，每天出門向可能購買套裝軟體的設計公司介紹產品時都心急如焚，她的急迫充分表現在她的行為上，結果她不是推銷得太急太猛，就是幾乎哀求潛在客戶買她的產品。這兩種行為都非常不討喜，於是莎莉愈來愈迫切，因為她抓不到客戶的心。

莎莉雖然迫切想談成生意，結果卻適得其反，菲利普卻不停簽下訂單。菲利普沒有表現出渴求，這是有益的行為（粉紅桶）；莎莉表現出來的急迫感，卻沒有一點幫助（綠桶）。

菲利普真心想要談成生意，莎莉迫切想要談成生意。這兩種不同心態造就、並且促成截然不同的結果。

如同我們在這本書提到的所有觀點，「渴求無益」這個通則也有例外。偶爾在最緊迫的狀態下，強烈的需求可能促使某人「全力以赴」，展現罕見的智能，成功解除危機。

你的重點在於：覺察到渴求的存在（如果有的話），誠實問自己它究竟對你有益，或者阻礙你獲取在生命中想要的體驗與結果。如果它對你有用，那就留下它；如果沒用，就想辦法調整你的內在回應，直到你放下渴求，換成決心、許諾和明確意圖這些更健康的粉紅桶狀態。如果你做到以下這些，美好的事情就會發生：

- 你能提醒自己，生命中大多數時候不一定要得到某個特定結果。
- 你知道幸福和圓滿是你可以在內心找到的東西，而不是靠獲取「外面」的某種東西而來。
- 你能在自我認同的層次上滋養自己（參考第４章），也知道你的自我價值不是建立在你獲得什麼成果。
- 在你在乎的領域上，你允許自己全心投入，採取專注、堅決和睿智的行動。

你愈來愈能覺察到哪些事物可能會影響你的渴求，用它們做點趣味實驗，藉此把自己拉回粉紅桶裡。

chapter 11

願意彈性

調整與適應

「改變」永遠無法改變

再次強調第6章末尾提出的論點：能夠彈性調整的人，比較可能成為贏家！在很多情境下，彈性調整是粉紅桶思維的核心元素。諷刺的是，這世上只有一件事永遠不會改變，那就是改變時時刻刻在發生。幾千年來物種能夠演化、高山能夠挪移，正是因為改變的力量。改變帶來的多樣性讓生命變得有趣，也因為事件有曲折變化，我們才會時時提高警覺。因為改變的力量，我們的身體才能療癒修復，四季才會變遷。因為改變，科技的進展才能帶來全新機會，好奇的心靈才會發現新事物。改變是一片沃土，歷史、我們當前的生命、科幻和夢想在這裡交會。它刺激我們向上提升，也讓我們學會知足感恩。改變不可避免，當然，這也不是絕對。

既然改變是世間的「基準」，那麼死板地採用一成不變的模式處理事情，只因你「一向如此」，或拒絕考慮新的觀念和方法、不願適應新環境，實在不是有益的處世態度。通常我們可以判定這是一種綠桶思維。

永遠保持好奇心，認真思考什麼對你、對其他人、對周遭環境乃至整個世界最好，這能幫助你做出正確選擇，持續適應，活得有聲有色。

期待改變、想像改變、對改變保持開放心態，願意並且促使改變，這些能讓敵對的群體坐下來協商，創造更久遠的和平。它讓人類變成太空人，在外太空旅行；它讓網際網路發展成主要的溝通管道，讓數百萬相隔幾千公里的人能夠彼此聯繫；它促成各種科技的發展，改善並拯救無數生命。

當然，我們完全明白改變未必是正向的，只要我們做好面對改變的心理準備，就能隨時適應並彈性調整，確保我們的內在智能穩定流動。

為改變而改變、欣然接受破壞性的改變、容忍降低的標準、贊同造成損害的改變、屈服於強加的改變……這些絕不是我們建議的粉紅桶策略。對於改變，有益的粉紅桶心理與情感包括：改變發生時，隨時願意回應；對於改變的提議，願意敞開心胸評估利弊；當事情進展不順利，或有機會提升，願意嘗試帶動改變。

分辨有益和無益的改變

想想看，在你的生命中有沒有過抗拒或害怕改變的時刻？有沒有過因為缺乏改變，導致你安於平庸，沒有活出你和你愛的人應該享有的圓滿人生？

- 生命中你曾不曾覺得有志難伸？如果你敢於考慮做點改變，又會如何？
- 雖然你不願意，某些改變還是發生了，這時候如果你選擇接受，甚至歡迎它們，也因此重新感受到平靜和喜悅，你覺得如何？

- 什麼樣的改變更能幫助你達成最重要的目標？
- 什麼樣的改變能讓你和你在意的人相處更和諧？
- 哪些態度對你不再有益，應該配合新的訊息和經驗來校準調整，而不是堅持到底？
- 為了得到更好的體驗和結果，你可以做哪些修正？
- 如果你一改過去的作風，勇於接受改變、做出新的嘗試，結果會如何？
- 你樂於在哪些領域扮演改革者，首開風氣引導改變？
- 你該如何讓改變成為你的新朋友，而不是敵人？

同樣地，剛才討論的觀點當然有例外。有些時候「抱持信念」、強硬地堅守某一條路線，也可能會成功。有時在變局中維持牢固又穩定的價值觀和意志力，反而更重要。

一如往常，在此我們只是鼓勵你保持開放的心態，坦誠地評估你和生命中不同面向的改變之間的關係。看看對於你想要的結果和經驗而言，哪些時候改變是有益的（粉紅桶），哪些時候又是無益的（綠桶）。如果抗拒改變真的對你有幫助（能獲致你想要的結果），那就繼續堅持。也別忘了觀察在哪些情況下擁抱改變、歡迎改變、促成改變對你比較有利！

改變發生時，願意隨時回應；
對於改變的提議，願意敞開心胸評估利弊；
當事情進展不順利，或有機會提升，
願意嘗試帶動改變。

chapter 12

仁慈和善良 給你即時回報

每天都能成為最好的自己

你可能聽過「善有善報、惡有惡報」，這句話忠實描繪以下這個粉紅桶概念：如果你幫助別人，就會得到幫助；如果你做利益他人的事，自己也會得到好的結果；如果你對別人釋出正向或善良的意圖，那份善意就會以某種方式回到你身上。

這牽涉到的不只是單純的互惠，也就是你幫助的人在某個時候回頭幫助你。它牽涉到的可能是外界對你的看法，或某些言語和行為引發的連鎖反應，透過不同管道和不同的人，把益處帶回到你身上。

在更根本的層次上，有個更直接的粉紅桶理由支持我們為他人服務、把握每個機會展現善意與仁慈。那就是……這麼做感覺棒透了！

幫助他人讓我們覺得意義非凡，也符合大多數人最深刻的價值觀，也難怪你懷著真正的善心做出善意行為時，你的情感系統會立即產生一波肯定並強化自我的愉悅感。這是你的付出帶來的即時回報！那些愉悅感牽涉到各種不同的粉紅桶反應，能打開你的智能閘門，讓你每天都能成為最好的自己，也能讓你的身體更健康。

已經有科學證據顯示，善意有益健康，對大腦、心臟和免疫系統有正面影響，也能對抗憂鬱。有關這方面的討論，我們推薦大衛．漢米爾頓（David Hamilton）的著作《Why Kindness is Good For You》（暫譯《善良為什麼對你有好處？》）。

如果你認同好心情是成功人生的關鍵要素，那麼在日常生活中以善意和仁慈為優先考量，肯定能帶給你足夠的好心情。

不管是：

- 給人一個微笑
- 說些鼓勵的話
- 適時伸出援手
- 為有需要的人提供專業知識或資金
- 捐血（或骨髓、血小板、甚至器官）
- 將貴重物品納入遺贈
- 當義工
- 排隊時允許別人插你的隊
- 感謝那些很少被感謝的人

或其他別的。善行義舉不管大小，都能讓生命更有意義，而且你永遠不會知道它能產生多大的正向衝擊。

善待自己等於善待別人

你愈是喜歡伴隨助人而來的好心情，就愈願意幫助別人。幫助別人，得到好心情。幫得更多，心情更好。不管從哪個層面來看（心理、情緒、化學反應、身體、行為和靈性），種善因確實會得善果。

事實上，如果開門見山詢問，我們認識的大多數人肯定都有資格形容自己善良又仁慈，只要有機會，也都願意對別人伸出援手；但每天主動尋找機會或創造機會展現善意與仁慈的人相對少一點。能夠真誠地宣稱自己時時刻刻都把展現善意當成活出圓滿人生的優先條件的人並不多，有趣的是，能做到這點的，都是我們見過最快樂的人。

請想想：

- 如果你想要送自己一份禮物，要把善意和仁慈挪到你每日優先事項更前面的位置，你可以在哪些方面創造機會？

- 如果你選擇隨機做點善行，只因為你做得到，結果會如何？（參考網址 www.triggersmiles.com 和 www.randomactsofkindness.org）
- 你體驗好心情的能力有沒有上限？
- 把善意與仁慈融入日常生活，如何幫助你展現人生最高意義和最深的價值？
- 每天的滿足感與自我實現在你心目中代表什麼？
- 要不要給自己一個挑戰，以善意和仁慈回應那些你不喜歡的人或曾經傷害你的人，只因為你辦得到？

當然，我們也希望你主動以善意與仁慈對待你自己（參考第4章）。每天堅持對別人展現善意，除了幫助別人踏進粉紅桶，也必須是為了讓你自己留在粉紅桶裡。如果你想創造成功的人生，優先考量其他所有人的需求，因而耗竭你自己的有益能量，不會是合適的長期策略。把自己擺在最後也不是好的典範。善待自己等於善待別人，因為你會變成別人的榜樣，讓他們學會善待自己。對自己的善意包括必要時允許自己欣然接受他人的贈禮、協助與支持。容許自己毫無保留地接受別人對你的讚揚和美言，深深放在心上。當別人體貼周到地送上禮物，你不會斷然拒絕，對吧！讚揚和美言也是禮物，值得接納、欣賞和品味的禮物。你愈是允許自己得到滋養，就愈有機會發揮你的內在智能來幫助他人。你愈是幫助別人，心情就愈好。你心情愈好，就愈能敞開心胸，迎接回到你身上的善意。

把仁慈與善意的粉紅桶原則注入你的日常生活。

盡情體驗不停流轉回來的益處！

chapter 13

活在愛與感恩裡

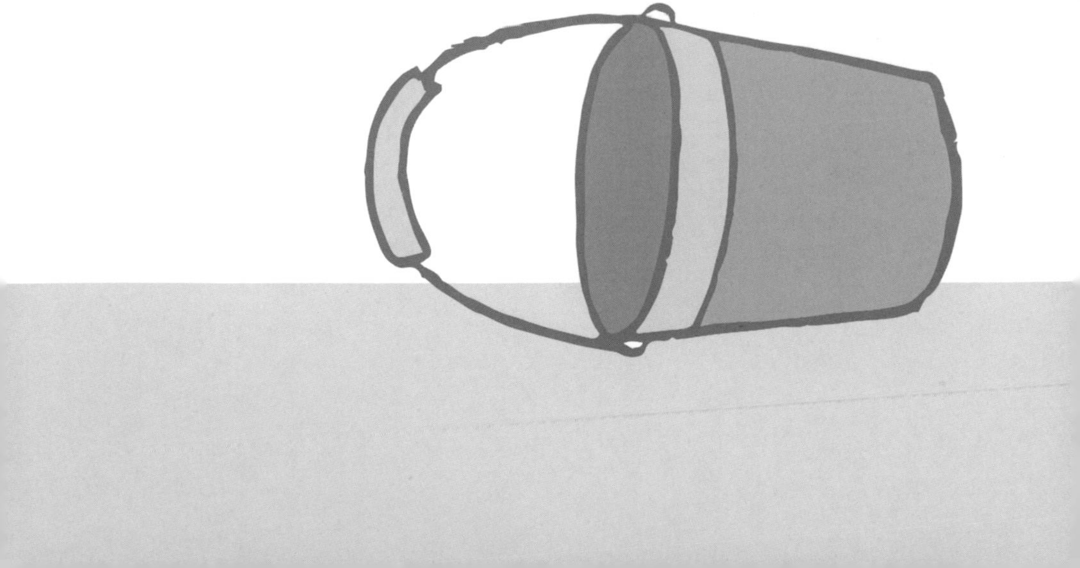

用愛找到自我

好吧，我們承認這章的主題表面上看起來太多粉紅泡泡。不過，站在擁抱粉紅桶理念的角度來說，你的最佳策略真的就是把愛與感恩納入你的日常生活。

愛至關緊要。世界上那麼多宗教和靈性活動，一旦剝除它們之間在文化、政治和意識型態上的差異，剩下來的精髓就是愛。世上某些最受歡迎，最動人的故事、藝術品、電影和音樂的主題就是愛。如果我們相信約翰·藍儂（John Lennon），就可以考慮〈你只需要愛〉（All You Need is Love）這首歌的歌名的真實性。

「愛」這個字可以有不同的意義和弦外之音，就看當時的情境和它的對象而定。

當人們說「我愛……」，通常會接著說出他們愛上什麼東西或哪個人，他們的愛通常指向外在的目標。我愛某某人、我愛我的職業、我愛這個地方，諸如此類的。

當然，對大多數人而言，真心愛上某個事物或某個人，是一種深刻而美好的體驗。對某些人來說，如果那份愛沒有得到回應，或被愛的對象不可得、稍縱即逝或遙不可及，愛也可能帶來痛苦。這會是愛的綠桶經驗。為了探討本章主題，我們決定把焦點放在無條件的愛帶來的純粹又滋養靈魂的正向體驗，而不是那種叫人痛徹心腑的依戀之愛。依戀之愛包含一種渴求：渴求回報，或需要某個人、某種情境或事物的存在（參考第10章）。

- 如果愛不需要外在對象，結果會如何？
- 如果你的愛不需要指向某個人或某種事物，此時此刻就能讓你體驗到強大的正向感受的好處，又會如何？

• 如果隨時隨地只要你願意，內心就能擁有那種幾乎令人難以招架的強烈情感，又會如何？

你內心那股神奇、正向的愛的感受，能讓你碰觸到你最純粹、最強大的自我。你的靈感與清明就是來自那裡，你個人的力量也儲存在那裡。體驗到純粹的愛，感覺會像是「登峰造極」或「天人合一」。當然，那代表全然、真正地待在粉紅桶裡！在愛裡，你會覺得你個人的力量與整個生命有無限力量接軌。任何時刻一旦你真正體驗到愛，你會感覺你清醒地體驗到完美的存在。

愛的正向感受

我想請你思考一下，「在愛裡」（in love），實際的意思就是：處在……

愛的狀態裡。

允許自己體驗純粹、不依戀的愛帶來的強大感受，本身就是送給你自己的神奇禮物。由於它能帶你進入有益的粉紅桶狀態（或許甚至是你所可能體驗到、最極致的粉紅桶狀態），其他人只要待在你身邊，就有機會分享這份禮物帶來的好處。

我們完全擁護「有對象」的愛，比如愛你的生命、愛大自然、愛你的伴侶、愛某些地點、愛令人愉悅的人事物，只要這麼做對你有益。但我們也邀請你練習「無對象」的愛。換句話說，你願不願意努力「在愛裡」，只因它讓人強烈體驗到純粹的個人價值？

「無對象」的愛最大的優點是，它不需要任何事物或任何人為你存在，你就能體驗到它完整的價值。除了你自己的能力，它不需要其他任何東西來引領你進入那種體驗。

愛是一種最純淨、最高品質的狀態，其他類似的狀態包括平靜恬淡、全然的自由、真心的感恩、放手進入接納或正向臣服的狀態、強烈的喜悅、處於「當下」，以及感覺「完整」。

體驗純淨的愛，可以幫助你盡情發揮智能和個人力量。如果你已經明白這麼做的價值，接下來你該如何「在愛裡」？

我們不會假裝我們知道這個問題的標準答案。生命旅程的樂趣在於，找出你自己的方法，用它來獲得生命的最高層次體驗。你會擁有自己的一套完美方法，帶領你自己進入愛的狀態。就從清楚明確地決定要體驗愛的強烈正向感受，並且找出什麼對你最有益開始吧！

進一步練習

底下有幾個可供探索的練習方法，這些方法對我們有用，也幫助許多接受我們輔導而踏上成功旅程的學員。

以下是我們建議的第一個練習：

1、放鬆地在腦海裡想像某種非常純淨自然的事物，比如美麗的湖泊或山坡、晴朗的天際、滿山遍野的花朵、絕美的海灘或靜謐的海面。允許自己被拉進這個單純心理實驗的美好感受裡，也允許自己留意那股從你內心升起的純粹的愛。允許那份愛的感受在內心擴散、成長，想像它在「增強」，直到它變得強而有力。以一個簡單動作（比如單手食指和拇指捏在一起）綁定那份強烈感受。

只要經常重複這個過程，你選擇的那個小動作會變成你個人的開關，未來可以幫助你觸發那些強大的正向感受。經過幾次練習後，就可以測試你那個連結強大感受的小動作有沒有效果。選擇一個你心中沒有特別起伏的時刻，做出那個小動作。如果它是個有效支點，它就會開始觸發一部分正向感受。如果你沒有感覺，那代表你還得進一步強化它們之間的連結。重複練習上面描述的方法，直到那個小動作變成有用的開關（這種練習是知名的NLP技巧）。

接下來是另一個練習：

2、口頭或在心裡大聲說出某些可以觸發愛的感受的句子，喜歡寫在紙上也無妨。試試以下這些，或者任何你想得到的句子：

- 「我深深陷入愛裡。」
-

- 「我心裡有滿滿的愛。」
- 「我跟我心裡的愛連結。」
- 「我就是愛。」
- 「我愛你。」（不需要想到任何人或事物）
- 「我好愛你。」（同樣地，不需要想到任何人事物。）
- 「我有好多愛可以給予。」
- 「我有好多愛可以體驗。」
- 「我歡迎愛。」
- 「此刻我邀請愛在我內心沸騰。」
- 「我允許自己體驗愛的感受。」
- 「愛……愛……愛！」

你想、說或寫的時候，別忘了加入強調語氣和抑揚頓挫。比方說，想或寫得就像那是你的真心實意！想像你把因此產生的美好感受擴大，再將它們跟某個小動作（就像先前描述的）綁定。

提取愛的練習

我們也建議以下這個提取愛的感受的練習：

3、允許自己想像你的感受全然與某種更高力量連結。讓你的頭腦和你的心告訴你，你永遠是這個不可思議力量的一部分，想像你感受到永恆時空的無限與完美：有些人喜歡想像自己安詳愉悅地飄浮在外太空。這可以幫助你開始提取可能浮現的愛的感受。同樣地，你體驗到美好感受時，留意一下它們在你身體哪個部位，想像它們變大，或允許它們擴散增強（再如同先前所說以某個小動作綁定）。

再來是我們建議的另一個練習：

4、允許你的頭腦把「純粹的愛」具體想像成一團正向能量的彩色雲霧。你可以用你的頭腦喜歡的方式呈現它，也可以加入令人愉悅的聲音、氣味和動作。你忍不住想這麼做時，就踏進那團愛的影像裡，或想像你邀請它將你完全包裹，允許你自己沉浸在它強大的正能量裡。

你體驗任何美好感受時，記得增強它，並且用一個小動作將它綁定（如同先前所述）。

當然，這些只是想法，人們只要允許自己發揮想像力與好奇心，通常能夠想出自己的方法。我們知道你會找到最適合你的方法！我們鼓勵你把這個當成每天的粉紅桶練習，讓那些感受能夠隨時供你取用，你才能從中獲得最大益處。

跟沉浸在愛裡的強大正向感受緊密連結，就是深刻的粉紅桶感恩心情。

看見自己的幸福

如果當面詢問我們遇見過的大多數人，他們會說自己對生命中的人事物懷著「感恩」，甚至「非常感恩」，而且他們是真心的。當然，知道你對生命的各個面向感恩，跟實際體驗伴隨那份認知而來、神奇而充分的感受，二者不盡相同。全心全意的感恩讓人獲益匪淺，能讓你處於一種奇妙的情感與心理狀態。可惜，世上有太多人沒有花時間主動觸發自己內在的這種感受。那種狀態能夠打開你個人最大力量的閘門，讓你展現出最完美的自己。

那些選擇每天練習主動提取感恩的感受的人都表示，那確實是一種令人愉悅也帶來力量的經驗，幫助他們保持正向視角，體會當下這一刻、拋開渴求，看見自己生命中所有事物的全部價值。換句話說，它幫助他們留在粉紅桶裡。很多人想不通自己為什麼不早點這麼做！

如果體驗深深的感恩對你有益（即使只是單純享受那種感受），那就開始每天懷著真誠的感恩看見自己有多幸福，用加強語氣傳達你的真心。

如果你今天活著，正在讀這本書，就等於得到恩賜多活了一天。不是所有人都能活到今天，所以要感恩你還在。

如果你有個遮風避雨的住處，冰箱裡有食物，有乾淨的自來水，有不同衣服供你選擇，有投票權和言論自由，有護照，享有某種程度的醫療服務，受過某種形式的教育，周遭街道上沒有戰火，那麼你就是地球上最幸運的人。很多人沒辦法擁有我們這些幸運兒一不小心就視為理所當然的一切，所以好好慶幸我們擁有的東西。

如果你也擁有底下的任何一項，那麼你更應該感恩……

- 你有沒有工作或某種形式的收入（即使來自政府）？
- 你身體還算健康嗎？
- 你生命中有沒有人愛你、支持你（比如家人或朋友）？
- 你生命中有沒有你愛或在乎的人？

• 你有沒有自己的交通工具（比如汽車或自行車）？
• 你有沒有機會從事休閒活動？
• 有沒有你喜歡幫助或支持的人？
• 你能不能看見自己對某個人或某件事物產生正面影響？

送你自己一個禮物，觀察一下你生命中有哪些好事，花點時間讓感恩的美好感受順暢流動。

也可以簡簡單單花點時間想想你生命中供你取用的事物，只要口頭或在心裡說出來，或寫下來，傳達某些真誠的「感謝」：

• 「感謝我擁有生命！」
• 「感謝我有食物可吃！」

・「感謝我有乾淨的自來水可用！」
・「感謝我擁有自由！」
・「感謝我有能力心懷感恩！」
・「感謝我有能力體驗在愛裡的感受！」
・「感謝……」
・「謝謝，謝謝，謝謝！」
繼續感謝下去！

你不需要對特定的人事物說「謝謝」，你感謝的對象可以是任何一個存在。正如你不需要任何外在人事物來體驗「在愛裡」的感受，想要體驗「在感恩裡」，也不需要有個外在的感恩對象。它可以只是你送給自己的粉紅桶體驗。

當然，如果你喜歡，也可以感謝你感恩的對象。你可以想像對你的神、你過去或現在的親人、你的朋友、你自己、你的幸運星、強大的宇宙，或你選定的任何人事物表達感謝。

別忘了，如果你希望觸發那些感受，語氣很重要。如果你希望你的身體分泌某些好的化學物質，就得讓它相信你是真心的！

找出你最喜歡的，每天練習

以愈來愈強烈的真心說（或寫）出來，允許感恩的感受擴散開來。同樣地，如果你想讓那些強大感受跟某個小動作連結，就用先前描述的方法綁定它。這麼一來，你可以為你的感恩建立有效的觸發器。你愈常做這種練習，那個小動作就愈有機會變成正向觸發器。

很多人表示，「在感恩裡」是一種非常強大的正向感受，就跟「在愛裡」一樣。或許感恩的心就像發自肺腑的善心（見第12章）一樣，都只是我們所謂的「愛」的不同面向。如果是，也就難怪人們覺得處在這些粉紅桶狀態時的正向感受都一樣強大。「在愛裡」還有其他面向，比方說自由、喜悅和內在平靜，你不妨允許自己嘗試去體驗。運用你無邊的想像力和你的言語的力量，想辦法體驗這些屬於純粹、完美的愛的不同面向。睿智的行動就是來自這些最愉悅的狀態，它們是純淨、豐沛、直觀的內在引導，溫和而明智地將你帶向你最有意義的人生。

盡情探索通往這些粉紅桶狀態的途徑，找出你最喜歡的，允許你自己把這件事當成每天的練習，只因為你辦得到！

生命旅程的樂趣在於，找出你自己的方法，
用它來獲得生命的最高層次體驗。
你會擁有自己的一套完美方法，
帶領你自己進入愛的狀態。

chapter 14

以你自己的方式運用粉紅桶

活用粉紅桶思考法

到這時，我們相信你已經很清楚，什麼樣的心理素質對你的人生有幫助，什麼又對你沒幫助。當然，我們只是舉一些例子向你說明，什麼樣的心態和內在活動才算是粉紅桶思維。我們只是提供一些建議，讓你知道如何展開內在實驗和觀察。這些事沒有正確答案，我們當然也無意規定任何人必須做任何事，或妄自尊大地認定什麼對你有用。

如果你不贊同任何一章裡的任何內容，那就別理會那裡提供的建議，自己開闢一條對你最有用的道路。說到底，對某個人有用的東西未必對另一個人有用。我們只是希望鼓勵你開始多用點心思，留意你生命中什麼對你有益，什麼對你無益。我們希望鼓勵你採用這個基本原則：增加那些幫助你獲得你想要的成就和體驗的心理素質，減少那些阻礙你進步的。我們只想利用本書的篇幅，分享一些看起來對我們的許多學員和學員的學員真正有益的心理素質。每個觀點都有討論空間，每個可能有效的方法都有例外。閱讀本書的每位讀者都獨一無二，因此，在尋找最完美的粉紅桶思維組合時，每個人都需要找出最適合自己的那一套！那是對生命的探索！

持續問你自己，哪些念頭、假定、信念、觀點、內在對話和其他心理素質已經對你產生作用，再想想其他還有什麼能讓你更上一層樓。接著就採取行動，強化那些已經有益的粉紅桶心理素質。全心全意採納其他直覺上對你有用的粉紅桶素質，把那些沒有用的綠桶素質都扔了吧。真正發揮作用的，是活用學到的東西，讓覺察提升到全新層次。

保持你的高度好奇心，離開綠桶，盡情體驗粉紅桶思維！

本書作者雙人合作

東尼與茱莉在台上的共同教學完美無瑕。他們兩人既是事業上的合夥人，也是生活中的伴侶，把協助人們達到最高成就當成生命中最重要的事。他們共同發揮熱情與專業，以極其自然流暢的方式帶領。只要有他們在，任何會議或活動都能展現全新的維度。在與聽講者的連結方面，他們的男女組合使得訊息更容易也更有效地傳達給台下的所有人。

東尼與茱莉樂意在英國和國際活動上擔任演講者，也可以提供各種訓練、指導與治療方面的協助，幫助個人或團隊跳脫綠桶思維，漸漸改採粉紅桶視角生活。

直接體驗東尼與茱莉的教學魅力，邀請他們出席活動，或想知道如何接受他們的指導、訓練與治療，請洽詢以下網址：

www.aha-success.com

www.aha-disc.co.uk

www.ditchyourtrauma.co.uk

www.love2firewalk.com

www.pinkbucketthinking.com

致謝辭

我們將這本書獻給我們的父母、兄弟姊妹和我們貼心的孩子傑茲、珍妮、莫莉與蘇菲，也獻給小奧利佛（珍妮的兒子、茱莉的外孫）。

我們非常幸運，多年來有機會跟數不清的傑出人士合作，他們的存在豐富了我們的成長旅程。我們之所以撰寫這本書推廣粉紅桶思考法，其實是受到學員的熱情激勵，我們打從心底感謝他們。

才華洋溢的 Debbie Perkins 是我們的粉紅桶藝術家，我們永遠感謝她的創造力與無私。

對於 Sue Richardson 和 SRA 出版社團隊，我們滿懷感恩，謝謝他們殫精竭慮把我們的文字編輯成一本有條不紊、讓我們引以為榮的書。

本書作者擁有豐富的教學經驗，同時也是一位精通於腦神經科學的專家。
他直接宣告：「我們每個人都是老師。」為什麼？
因為我們必須透過如何「教」，才會知道如何「學」；透過如何「記」，才會明白如何「讀」；
透過如何「聽」，才能夠練習如何「思考」。
如果你成天對同事和客戶說同樣的話、厭倦到想吐；
如果你反覆不斷訓練你的運動員或學生，卻始終看不到一點進步，幾乎心灰意冷；
如果你在台上挖空心思做簡報、底下聽講的人卻轉頭就忘……
現在就讓本書來啟動你的學習力、教學力！
本書從腦神經科學，有憑有據的實驗證明，逐步解析有關「學習」的過程、技巧與盲點，
進而根據這些原理提供教的方式與應用指南，激化你的大腦，打破習慣思維。
如果你在創意、行銷、品牌經營、銷售等領域工作，如果你正想突破自己的成長，這本書非讀不可。

大力推薦給學生、老師、運動健身教練、演說家、家長……
在創意、行銷、品牌經營、銷售等工作的人必讀之書！

延伸閱讀

博客來網路書店選書

最高學習法

12 個改變你如何思考、學習與記憶的核心關鍵

作者： 傑里德・庫尼・霍維斯

翻譯：陳錦慧

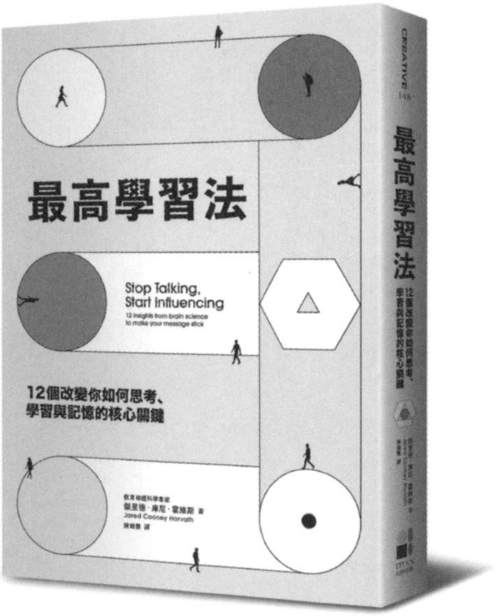

腦內革命新一波
遠離事倍功半的冤枉路

在擁擠吵雜的酒吧要如何做出有效的 PowerPoint 簡報？

常常馬拉松追劇，你記得多少劇情？還是追一齣忘一齣？

上台準備演講，你滿懷希望台下的人覺得你準備充分、專業，

愛上你的演講……

你是不是在工作場所以外巧遇同事卻認不出來？

K 書的時候聽音樂究竟幫助還是妨礙學習？

我們常常在「習慣」之中一直錯用我們的大腦。

---

creative 151

粉紅桶思考法

念頭決定你的結果，心想事成的最佳指南書

作者｜東尼・伯格斯＆茱莉・法蘭屈
譯者｜陳錦慧
出版者｜大田出版有限公司
台北市一〇四四五 中山北路二段二十六巷二號二樓
E-mail｜titan3@ms22.hinet.net http：//www.titan3.com.tw
編輯部專線｜（02）2562-1383 傳真：（02）2581-8761
總編輯｜莊培園
副總編輯｜蔡鳳儀
行銷編輯｜陳映璇／黃凱玉
校對｜金文蕙／黃薇霓
內頁美術｜陳柔含
初刷｜二〇二〇年十一月一日 定價：三〇〇元
總經銷｜知己圖書股份有限公司
台北｜一〇六 台北市大安區辛亥路一段三十號九樓
TEL：02-23672044／23672047 FAX：02-2363-5741
台中｜四〇七 台中市西屯區工業三十路一號一樓
TEL：04-23595819 FAX：04-2359-5493
E-mail｜service@morningstar.com.tw
網路書店｜http://www.morningstar.com.tw
郵政劃撥｜15060393（知己圖書股份有限公司）
印刷｜上好印刷股份有限公司
國際書碼｜978-986-179-603-1 CIP：177.2/109012746

填回函雙重禮
①立即送購書優惠券
②抽獎小禮物

國家圖書館出版品預行編目資料

粉紅桶思考法／東尼・伯格斯＆茱莉・法蘭屈著；陳錦慧譯
——初版——臺北市：大田，2020.11
面；公分.——（creative；151）
ISBN 978-986-179-603-1（平裝）
177.2 109012746